D1265591

Conception graphique : Anne Bérubé
Traitement des images: Mélanie Sabourin
Révision: Renée Bédard
Correction: Sylvie Tremblay, Céline Bouchard

Développement E6 couleur: laboratoire Sel d'argent

P. 176-177: *La Fresque des Québécois*
Conception et réalisation: Cité de la création©
Coproduction: Commission de la capitale nationale du Québec et Société de développement des entreprises culturelles du Québec (SODEC)

P. 193: photo prise sur le plateau du film *The Baroness and The Pig*, production de Media Principia

Données de catalogage avant publication (Canada)

Huot, Claudel
Québec: ville de lumières

1. Québec (Québec) - Ouvrages illustrés. 2. Québec (Québec).
I. Lessard, Michel. II. Titre.

FC2946.37.H86 2001 971.4'471'00222 C2001-940242-2
F1054.5.Q3H86 2001

L'Éditeur bénéficie du soutien de la Société de développement des entreprises culturelles du Québec pour son programme d'édition.

Nous reconnaissons l'aide financière du gouvernement du Canada par l'entremise du Programme d'aide au développement de l'industrie de l'édition (PADIÉ) pour nos activités d'édition.

© 2001, Les Éditions de l'Homme,
une division du groupe Sogides

Tous droits réservés

Dépôt légal: 2e trimestre 2001
Bibliothèque nationale du Québec

ISBN 2-7619-1609-3

DISTRIBUTEURS EXCLUSIFS:

- Pour le Canada et les États-Unis:
MESSAGERIES ADP*
955, rue Amherst
Montréal, Québec
H2L 3K4
Tél.: (514) 523-1182
Télécopieur: (514) 939-0406
* Filiale de Sogides ltée

- Pour la Belgique et le Luxembourg:
PRESSES DE BELGIQUE S.A.
Boulevard de l'Europe 117
B-1301 Wavre
Tél.: (010) 42-03-20
Télécopieur: (010) 41-20-24

- Pour la France et les autres pays:
HAVAS SERVICES
Immeuble Paryseine, 3, Allée de la Seine
94854 Ivry Cedex
Tél.: 01 49 59 11 89/91
Télécopieur: 01 49 59 11 96
Commandes: Tél.: 02 38 32 71 00
Télécopieur: 02 38 32 71 28

- Pour la Suisse:
DIFFUSION: HAVAS SERVICES SUISSE
Case postale 69 - 1701 Fribourg - Suisse
Tél.: (41-26) 460-80-60
Télécopieur: (41-26) 460-80-68
Internet: www.havas.ch
Email: office@havas.ch
DISTRIBUTION: OLF SA
Z.I. 3, Corminbœuf
Case postale 1061
CH-1701 FRIBOURG
Commandes: Tél.: (41-26) 467-53-33
Télécopieur: (41-26) 467-54-66

Pour en savoir davantage sur nos publications,
visitez notre site: **www.edhomme.com**
Autres sites à visiter: www.edjour.com • www.edtypo.com
www.edvlb.com • www.edhexagone.com • www.edutilis.com

QUÉBEC
VILLE DE LUMIÈRES

Photographies de CLAUDEL HUOT
Textes de MICHEL LESSARD

À mon père,
À ma famille bien-aimée,

Ce livre rend hommage au Vieux-Québec, au quartier latin, à la haute ville, à la place Royale, à la rue du Petit-Champlain, aux rues Saint-Paul et Cartier, au Vieux-Port et, en bordure du grand fleuve, à l'une des plus belles vues que je connaisse et où j'ai choisi de vivre.

Je salue tous ces gens qui ont eux aussi habité, pour une période courte ou longue, dans l'enceinte des vieux murs de cette ville aimée, gens de rencontre et d'amitié ou gens de mes amours.

À tous ceux et celles qui ont partagé une qualité de vie unique à l'intérieur du Vieux-Québec, je dédie ce livre. Aux décideurs de l'avenir qui, je l'espère, la protégeront comme un joyau du Patrimoine mondial et sauront sauvegarder sa beauté et ses lumières.

Et j'invite tous ses visiteurs à laisser leur véhicule à l'extérieur de son enceinte, à pénétrer et à parcourir ses sites à pied pour mieux les connaître et mieux les apprécier à leur tour. Bienvenue ! Je suis persuadé que vous allez y revenir un jour.

Québec, je t'aime !

CLAUDEL HUOT

Le trait caractéristique de Québec est d'être pittoresque. Il l'est tout entier, dans toutes ses parties, et de quelque côté qu'on le regarde. Mais son site est tel qu'il est impossible de l'embrasser dans une vue d'ensemble. Aucun artiste ne saurait le peindre en un seul tableau ; et, s'il en faisait une série, ce serait bien une galerie du pittoresque sous toutes ses formes, mais ce ne serait pas encore un tableau complet de l'étonnante cité.

Pour bien juger des beautés et de la diversité d'aspects de Québec, voici ce qu'il est indispensable de faire. Il faut en faire le tour, non pas une fois, mais plusieurs fois, et le parcourir en tous sens. Il faut y arriver de l'est et de l'ouest, par terre et par eau, du nord et du sud ; il faut y entrer, en sortir, et y rentrer tantôt par une porte, tantôt par une autre ; il faut circuler dans ses rues, un peu en voiture, mais surtout à pied, s'arrêter à tous les coins, et plonger ses regards dans les rues transversales ; car toutes sont autant de portes ouvertes sur des perspectives nouvelles, les unes sur la campagne, les autres sur le fleuve, celles-ci sur des faubourgs ou des quais, celles-là sur les vallées et les montagnes environnantes.

Il faut s'arrêter devant les vieux murs, et les faire parler, flâner sur les places publiques, dans les jardins, et sur l'incomparable terrasse Dufferin. C'est là surtout que toute promenade archéologique ou sentimentale doit commencer et finir, car c'est l'endroit propice à la rêverie, aux méditations poétiques, à l'inspiration, au culte des grands souvenirs.

C'est là que le touriste se sent peu à peu envahi par le charme inconnu dont les effluves flottent dans l'air du soir. Cet enchantement est irrésistible, et plus on prolonge son séjour à Québec, plus il grandit.

Celui qui a connu et aimé Québec ne l'oublie jamais. Les caractères de la vieille ville se gravent dans sa mémoire, comme une lithographie sur le papier. Rien ne peut plus effacer ce souvenir, et il demeure si distinct qu'il ne se confond jamais avec celui d'une autre ville.

Adolphe-Basile Routhier
Québec et Lévis à l'aurore du XXe siècle

Le pittoresque est rarement l'œuvre de l'art seul ; c'est la nature qui est la grande artiste dans ce genre particulier du beau. C'est elle qui, sans compas ni ciseau, ni pinceau, construit, sculpte et peint, à chaque pas, des œuvres merveilleuses.

Pour qu'une ville, qui est l'œuvre de l'homme, soit pittoresque, il faut que la nature soit venue à son aide, et lui ait donné des eaux qui la baignent, et des montagnes ou de hautes collines qui l'élèvent au-dessus du niveau commun.

Ainsi, les villes bâties aux bords de la mer, d'un fleuve ou d'une rivière, ou d'un grand lac, ou tout au moins sur des collines élevées, sont-elles les seules vraiment pittoresques.

La montagne est à la ville ce qu'est le piédestal à la statue. Elle lui est nécessaire pour voir et être vue.

Les grandes eaux lui servent de miroir, l'arrosent, la purifient, l'abreuvent, lui donnent le mouvement, la vie, et une grande variété d'aspects. [...]

La cité de Québec est, sous ce rapport, l'enfant gâtée de la nature.

Adolphe-Basile Routhier
Québec et Lévis à l'aurore du XXe siècle

En guise d'introduction...

QUÉBEC, CAPITALE PHOTOGÉNIQUE

Le bastion du roi vu du Saint-Laurent, vers 1890

Quel ravissant spectacle s'offre à la vue dans le temps des fêtes au sommet de l'escalier Casse-Cou ! En descendant, les soirs de neige, le promeneur a l'impression d'entreprendre un voyage dans le temps: la rue du Petit-Champlain, illuminée par les vitrines richement décorées, allie l'allure provinciale française avec une façon de faire et d'être tout à fait nord-américaine.

Parmi les nombreuses images que livre la ville de Québec, il en est une qui marque la mémoire: la vue panoramique qu'embrasse le regard à partir de la rive sud, à l'occasion d'une randonnée à bicyclette sur les berges ou lors d'une croisière sur le fleuve. Pouvoir lire sur une ligne qui s'étire entre le Musée du Québec, sur les plaines d'Abraham, et le Musée de la civilisation, dans le Vieux-Port, quatre siècles d'histoire empanachée suscite à coup sûr l'émerveillement.

Depuis 1608, l'année où le Saintongeais Samuel de Champlain, au nom du roi de France, choisit Québec pour implanter un poste colonial en Amérique du Nord, l'ancienne capitale de la Nouvelle-France n'a jamais cessé d'être célébrée par les artistes et les écrivains. L'agglomération qui s'étend au pied du cap Diamant et sur le promontoire déploie ses charmes pour envoûter les voyageurs qui arrivent par le Saint-Laurent, ce fleuve qui à lui seul explique le pays neuf et sa capitale. En langue amérindienne, Québec signifie: «là où les eaux rétrécissent». Ce passage stratégique, voie de pénétration du continent, sera sans cesse fortifié pour contrôler l'accès à l'intérieur de l'Amérique du Nord, à tel point que, au XIXe siècle, on le qualifiera de «Gibraltar d'Amérique».

Sitôt passée la pointe ouest de l'île d'Orléans, le voyageur est saisi par l'immensité du paysage qui se dessine devant lui, un panorama à couper le souffle où se succèdent vallées, berges, escarpements, montagnes et rivières dans une gamme de camaïeux qui varient constamment au gré des heures et des saisons. Québec n'est jamais pareille. Il faut habiter les lieux ou les contempler à partir des hauteurs de Lévis pour vérifier la constance de ses métamorphoses éblouissantes.

Québec est sans contredit l'une des plus belles cités au monde. Il faut voir sa silhouette se profiler dans toute sa splendeur l'hiver, dans d'inouïs couchers de soleil, baignée par des îles de glace rose, ou en été, bigarrée et pleine de vie, enrubannée de fleurs de lys le jour de la Saint-Jean-Baptiste ou durant le Festival d'été. Ses batteries de canons pointés dans toutes les directions, son sol truffé de voûtes, ses vieilles pierres grises donnant aux rues leur texture historique, ses flèches de clochers sont autant d'éléments qui distinguent le chef-lieu des francophones d'Amérique.

En 1985, l'Unesco reconnaissait le caractère unique de la cité de Champlain en l'inscrivant sur la liste des joyaux du Patrimoine mondial, au même titre que Florence et Istanbul. Le message du directeur de l'organisme résume bien les motifs d'un tel honneur : « Le Comité du Patrimoine mondial consacre ainsi la valeur universelle exceptionnelle de ce site. Il reconnaît que l'arrondissement historique de Québec, avec sa Citadelle, sa haute ville défendue par une enceinte bastionnée, sa basse ville, son port, ses quartiers anciens, offre un exemple éminent de ville coloniale fortifiée. Il reconnaît également que l'ancienne capitale de la Nouvelle-France illustre l'une des grandes composantes du peuplement et du développement des Amériques à l'époque moderne et contemporaine. »

La lecture visuelle de la cité de Champlain est généreuse et abondante dans tous les modes de représentation. Au temps de la Nouvelle-France et avant l'avènement de la photographie, de nombreux artistes ont matérialisé leurs émotions dans des dessins, des aquarelles et des peintures à l'huile qui s'attardent aux profils exceptionnels de l'acropole fortifiée. Les cartouches des cartes géographiques anciennes révèlent les caractères topographiques du site mais aussi ses composantes architecturales, des images parfois recomposées par l'artiste à partir d'une description littéraire. La carte de l'Amérique septentrionale de Jean-Baptiste Franquelin, datée de 1688, illustre bien ce mode de représentation qui magnifie le site dans un rendu polychrome non dénué de valeur documentaire.

Après 1763, sous l'administration anglaise, la représentation de la ville se teinte de la manière classique de l'art topographique anglais. James Peachy, au pays entre 1773 et 1797, George Heriot (1766-1844) et Thomas Davies (1737-1812) se distinguent dans la production d'images de ce genre. James Pattison Cockburn (1779-1847), un fonctionnaire de la couronne, dépasse cette lecture pour livrer une ville en mouvement au fil des saisons. Les rues, les places animées, les bâtiments, les structures militaires dans une ville murée et crénelée sont autant de paysages qui tracent de façon indélébile ce qui deviendra les lignes de force de la représentation de Québec. Une vingtaine d'artistes de la palette ou de l'encre de la période néoclassique, dont Philip John Bainbrigge (1807-1881), William Wallace (1807-1854), William Henry Bartlett (1809-1854) et Coke Smyth (1808-1882), participeront à ce modelage d'archétypes urbains.

Dans la seconde moitié du XIXe siècle, les peintres Joseph Légaré (1795-1855), Cornelius Krieghoff (1815-1872), Lucius O'Brien (1832-1899), Henry Bunnett (1845-1910) et Albert Bierstadt (1830-1902) se laisseront séduire par le caractère exotique de Québec et produiront des tableaux remarquables bien inscrits dans les courants artistiques qui agitent alors l'Occident. La majorité de ces créateurs épris de la cité de Champlain sont de culture anglaise. Pour ces coloniaux, Québec apparaît comme une partie attachante de la nouvelle Confédération canadienne, mais aussi comme un trophée militaire de l'Empire symbolisant la bonne entente entre deux nations, dont l'une est bien assujettie à l'autre.

À cette époque, les créateurs de la confrérie du burin de chez nous ou de l'étranger évoquent eux aussi à leur façon les charmes de la vieille cité, principalement dans des guides touristiques et des périodiques illustrés. En 1860, la visite chez nous du prince de Galles, fils de la reine Victoria, sera un moment magique dans la diffusion internationale d'images de la ville de Québec : les célébrations monstres de la victoire des plaines d'Abraham, survenue cent ans plus tôt, seront l'occasion d'offrir au monde des panoramas du cap de Québec surmontant un fleuve couvert de navires ornés de pavillons de circonstance. Le *Canadian Illustrated News,* un hebdomadaire montréalais lancé en 1869, suivi quelques mois plus tard de sa version française, *L'Opinion publique,* publiera pendant treize ans des dessins de la « vieille capitale » qui alimenteront l'image stéréotypée de la ville. En 1888, des graveurs renommés livrent des vues surprenantes de Québec dans *Artistic Quebec Described by Pen and Pencil,* un ouvrage qui propose une lecture étonnante du Canada pittoresque.

Au XXe siècle, les artistes les plus talentueux du pays salueront Québec dans des œuvres pour la plupart inscrites dans la modernité. James Wilson Morrice (1865-1924), Charles Huot (1855-1930), Maurice Cullen (1866-1934), Clarence Gagnon (1881-1932), Simone Hudon (1905-1984), Robert Wakeham Pilot (1898-1967), Albert Rousseau (1908-1967), Jean Benoit (né en 1922), Francesco Iacurto (né en 1908), Frederick B. Taylor (1905-1987), Jean Paul Lemieux (1904-1990), André Garand (né en 1923), Benoit Côté (né en 1929), Betty Baldwin (1889-1981), Claude

La place du marché Montcalm, à la porte Saint-Jean, vers 1890

Picher (1927-1998), Antoine Dumas (né en 1932) et combien d'autres nous ont légué des paysages et des atmosphères illustrant une perception singulière de la matière et de la lumière. À cette pléiade d'artistes prestigieux se joint la foule des peintres et des dessinateurs connus et moins connus qui animent aujourd'hui la rue du Trésor ou certaines galeries de la basse ville, donnant à l'ancien chef-lieu de la Nouvelle-France un petit air de Montmartre…

L'avènement de la photographie viendra consacrer et diversifier la vue de la cité de Champlain. À partir du milieu du XIXe siècle, l'industrie du voyage et de la villégiature prend de l'expansion en même temps que la photographie, dont les procédés de base ont été découverts dans les années 1830, se popularise. La production des photographes vient bientôt alimenter les activités d'une bourgeoisie qui souhaite ramener des souvenirs de ses expéditions. En 1858, Samuel McLaughlin (1826-1914) offre les premières vues de la capitale, de grandes œuvres éblouissantes sur papier albuminé, tandis qu'Isaï Benoit de Livernois amorce à peu près en même temps une lecture qui s'étalera sur trois générations. La fin de cette décennie est marquée par la production massive d'images offertes en deux formats commerciaux qui conquièrent alors la planète : la carte de visite et la carte stéréoscopique. La première sert principalement le portrait, mais plusieurs photographes de Québec présentent également dans ce format des paysages et

En guise d'introduction...

QUÉBEC, CAPITALE PHOTOGÉNIQUE

La cour des petits, Séminaire de Québec, vers 1880

des événements. Québec connaît alors sa première mise en images systématique. La carte stéréoscopique suscite une véritable ferveur entre 1860 et 1930 et génère une production qui intéresse rapidement les éditeurs étrangers venus écrémer le marché local. La ville de Québec, déjà sur la liste des cités à découvrir pour leur caractère exotique, fait l'objet d'une importante couverture photographique dans ces deux modes de représentation. De prestigieux studios, comme ceux de Livernois, en affaires jusqu'en 1974, de George William Ellisson, racheté à la fin des années 1860 par Louis-Prudent Vallée, et de William Notman, installé à Montréal, dominent ce marché populaire de l'image.

Cette période glorieuse de la photographie fixe à demeure les stéréotypes visuels de la capitale. L'architecture traditionnelle, les monuments historiques, les fortifications, les paysages industriels en bordure du Saint-Laurent, la saison hivernale, les marchés publics et la nature pittoresque sont les principaux thèmes qui mobilisent la confrérie des artistes de la lumière.

Au tournant du XXe siècle, alors que l'on célèbre le tricentenaire de Québec, une nouvelle ère s'amorce avec l'âge d'or de la carte postale illustrée. C'est dorénavant dans ce format populaire que seront immortalisées les scènes les plus émouvantes et les plus innovatrices. Partout dans le monde, la carte postale connaît un engouement sans pareil. Le vieux fonds de vues classiques des Livernois, Vallée et Notman est aussitôt converti pour être offert dans cette version. Nombre d'éditeurs de la capitale et du Québec lancent leur série de clichés sur la « Gibraltar d'Amérique » désormais dominée par le célèbre hôtel du Canadien Pacifique, le château Frontenac. Plusieurs entrepreneurs de l'Ontario, des États-Unis, de France ou de Grande-Bretagne viennent livrer une concurrence féroce aux éditeurs locaux dans un marché fort actif en ces temps de réjouissances et de fêtes commémoratives nationales. L'historien de l'art Jacques Poitras a fait le recensement de cet univers de créateurs diffuseurs.

Les années 1907 et 1908, célébrant le tricentenaire de la capitale, ont été marquées par une production sans précédent d'images sur Québec. Les rues, les quais, le port, les parcs, les places, les promenades, notamment la terrasse Dufferin, s'animent de silhouettes féminines en robe longue poussant des voiturettes d'enfant ou de couples vêtus à la dernière mode de Paris. Plusieurs de ces images sont désormais colorées à la main.

Un bon aperçu de la couverture photographique de l'entre-deux-guerres nous est fourni par le fonds Thaddée Lebel (1872-1946), conservé aux archives de la Ville de Québec, et par la production de William Bertrand Edwards (1880-1944), un professionnel de studio qui excelle dans les vues panoramiques, le cliché d'actualité et les plans aériens. Ce photographe diffusera, dans des tirages de qualité, les plus belles images de la ville historique réalisées par ses confrères qui l'ont précédé.

Depuis les années 1950, une pléiade de photographes ont donné libre cours à leur passion. Québec étant ce qu'elle est, plusieurs d'entre eux mettent leur talent au service de l'industrie touristique. Jamais l'iconographie sur la ville ne s'est autant enrichie. Chacun a son style propre. Eugène Kedl et Claire Dufour signent leurs œuvres dans une manière bien personnelle. Pierre Lahoud lit la capitale à partir du ciel ; Denis Tremblay exerce son talent dans la saisie panoramique ; Marco Labrecque se passionne pour la vie de quartier et les milieux *underground* ; le regretté François Lafortune posait sur les choses et les gens un regard intimiste en noir et blanc. Chaque année, des millions de visiteurs tombent sous le charme de la cité de Champlain. Traduire l'âme du Vieux-Québec au fil des saisons est devenu la raison d'être de Claudel Huot, photographe de Québec.

CLAUDEL HUOT...
photographe

J'ai passé une partie de ma vie à photographier Québec, à chercher la lumière et le mouvement. Plus de trente années à lire les atmosphères, à croquer l'anecdote, à attendre parfois une partie de la journée que l'éclairage soit à mon goût. Le photographe est un artiste de la lumière, comme se plaisaient à le dire les disciples de Daguerre et de Talbot. Notre palette est issue du spectre solaire. La mienne joue avec une ville quatre fois centenaire implantée au bord d'un fleuve magnifique entouré de montagnes, un panorama parmi les plus émouvants au monde.

J'ai toujours aimé les images. Chez nous, il y avait des livres, surtout des encyclopédies illustrées, qui me fascinaient. Pour mon quatorzième anniversaire, mon parrain m'a offert mon premier appareil photo, un Brownie de Kodak. C'est à cette époque que j'ai commencé à feuilleter des grands magazines et des livres d'initiation à la photographie.

Autour des années 1967-1968, je me suis mis à fréquenter assidûment le Vieux-Québec, alors en pleine effervescence. C'était une époque très particulière sur le plan des valeurs. Partout dans le monde la jeunesse explosait. La vie de café et de bar était décontractée, et ce rythme me convenait parfaitement. Le Baudelaire, devenu le Chava-Chava, le Chanteauteuil, le Nostradamus, le bar Élite, Chez Temporel, c'est là que j'apprivoisais l'âme du « Vieux » en même temps que je découvrais la vie.

Mes premières expériences professionnelles se sont déroulées dans une boutique d'affiches du Vieux-Québec. On tirait le portrait du sujet et on lui remettait sur affiche sa tête en grand format. Je travaillais avec un gros Graflex. L'aventure n'a pas duré longtemps. À la fin, on m'a payé avec un séchoir à papier que j'ai échangé contre un Yashica, mon premier appareil digne de ce nom. Par la suite, j'ai vécu de trente-six petits métiers, dans la construction, la restauration, l'hôtellerie et l'artisanat. Je vivais en commune dans le quartier Saint-Jean-Baptiste, et tous mes sous et mes loisirs étaient consacrés à la photographie. J'en ai acheté de la pellicule chez Livernois !

J'ai emménagé en 1973 dans un immense sept pièces à Lévis, à côté des traversiers et de Gosselin, mon second fournisseur de pellicule. La vue sur Québec y était imprenable. En dix minutes je me retrouvais dans le quartier de la place Royale. Un ravissement !

Nature morte à la fenêtre givrée. Cette étude, colorée à la main, a été faite au 4 x 5 avec un vieux Graflex (Lévis 1975).

La redoute Dauphine. Tirage coloré duotone. La prise de vue a été faite avec un vieil appareil à soufflet 2 ¹/₄ x 3 ¹/₄ dont la mise au point des distances sujet-caméra était hors de contrôle (1978-1979).

CLAUDEL HUOT…
photographe

Ma voisine sur le toit. Un exemple de coloration partielle sur une image noir et blanc (1998).
La petite rue Laval dans le Vieux-Québec. Éclairage nocturne de cinéma. *Dernier voyage*, réalisation de Yves Simoneau (Milieu des années 1970).

L'art du portrait m'a toujours envoûté. Mon appartement-studio de l'époque a vu défiler des dizaines de sujets. Explorer le corps et la lumière avec des femmes superbes, quel bonheur ! J'avais suivi un cours à l'école Wilbrod-Bhérer sur les techniques de laboratoire et je tirais moi-même mes photos noir et blanc. J'ai appris à colorer mes images à la main, comme on le faisait au début du XXe siècle. Il m'arrive encore de le faire.

C'est avec des gens d'expérience, surtout du milieu du théâtre et du cinéma, que j'ai pu perfectionner le travail en studio. Yves Simoneau, que j'avais rencontré au café Chez Temporel, m'a embauché comme photographe de plateau pour son premier film, qui n'a jamais été diffusé, puis pour d'autres productions : *Le dernier voyage, Les yeux rouges, Le ventre du dragon*. Les éclairagistes, les directeurs de la photographie et le réalisateur ont été pour moi autant de maîtres de qui j'ai beaucoup appris.

Lors d'un séjour en France, j'ai travaillé à un documentaire sur la bande dessinée. J'ai eu l'occasion d'approfondir le portrait, l'instantané de plateau et les séquences extérieures. Au milieu des années 1980, j'ai travaillé avec Robert Lepage. J'ai collaboré à ses productions théâtrales et cinématographiques pendant sept ans. Lepage est un éclairagiste exceptionnel. Pour celui qui sait écouter, c'est une grande école. En 1988, *Les Rendez-vous annuels du cinéma québécois* m'ont décerné un prix pour la meilleure photographie de plateau de l'année.

Depuis quatorze ans, j'habite au pied du cap Diamant, sur la rue du Petit-Champlain, au cœur de l'action. Mes fenêtres donnent sur le fleuve et sur Lévis. Je me lève avant l'aurore et je sors avec ma chienne, Céleste, pour

profiter de la qualité de la lumière. À la barre du jour, la ville m'appartient. En automne, la palette du site est tout simplement éblouissante. Mais c'est en hiver que l'émotion atteint son paroxysme. Il y a des jours, après une tempête de neige, où je veux être partout à la fois pour voir comment chaque recoin s'est transformé. Il faut faire vite, car en quelques heures tout est fini, le décor tombe.

En arpentant le Vieux-Québec, je rencontre fréquemment d'autres photographes à l'œuvre. J'ai toujours admiré le travail du regretté François Lafortune, un maître du noir et blanc, celui de Claire Dufour, de Marco Labrecque, de Roger Côté et d'Eugène Kedl, des photographes de presse comme Jacques Nadeau et Jean-Marie Villeneuve. Tous ces créateurs d'images m'émeuvent par leur sensibilité et par le regard original qu'ils portent sur notre ville.

J'ai plusieurs cordes à mon arc dans l'univers de la photographie, mais c'est ma production d'images sur l'âme du Vieux-Québec qui me fait vivre. J'essaie sans cesse de renouveler mon regard. Québec est une ville très touristique. Je me bats continuellement contre les voitures, les autobus, les commandites sur les parasols, les panneaux d'affichage, tout ce qui place l'image dans l'axe commercial. La carte postale, les commandes de particuliers, d'éditeurs et d'institutions me poussent à suivre le rythme de mon patelin. Si mes élans sont tournés vers le Vieux-Québec et la basse ville, je découvre de plus en plus les autres quartiers, les divers visages d'une ville qui se fait belle partout.

Depuis quelques années, en effet, Québec s'est beaucoup embellie. Le maire Jean-Paul L'Allier a réparé les gaffes de ses prédécesseurs. Le boulevard René-Lévesque vient de jeter par terre son « mur de Berlin » qui emprisonnait la colline parlementaire. Partout de nouvelles fontaines agrémentent les places qu'égayent les sapins illuminés en hiver. Les rues sont fleuries, les parcs se multiplient, les oiseaux reviennent, et le fleuve sera bientôt remis aux citoyens si l'on réussit à freiner l'ambition de certains promoteurs sans vergogne. Un nouvel esprit a vu le jour. Il faut l'encourager, appuyer les autorités qui s'engagent dans cette voie. Moi, je le fais avec mes images.

Je serai toujours photographe. Aujourd'hui, à cinquante-deux ans, j'aurais envie d'aller voir ailleurs, de partir à la découverte d'autres coins du pays, du continent. J'aime la grande nature, les paysages marins comme ceux de Mingan et de la Côte-Nord, la lumière du Grand Nord. De telles expériences me séduiraient, peut-être pour mieux lire Québec ensuite.

Entrevue réalisée par Michel Lessard à Lévis, en décembre 2000

Portrait du regretté Jean-Louis Millette dans la peau d'un personnage du film *Dans le ventre du dragon* réalisé par Yves Simoneau (1988).

Portrait de Marie Pier. L'une de mes recherches en studio. Moments privilégiés avec ces dames de beauté (1986-1988).

Au fil des jours et des saisons...

LA LUMIÈRE DE QUÉBEC

Au fil des jours et des saisons...

LA LUMIÈRE DE QUÉBEC

QUAND VIENT LA NUIT, ON SAIT CE QUI SE PASSE DANS LE MONDE QUI S'AMUSE OU... QUI S'ENNUIE. LES GRANDES DAMES REVÊTENT LEURS PLUS RICHES TOILETTES, SOIT POUR LE DÎNER, SOIT POUR LE SPECTACLE, SOIT POUR LE BAL. ELLES SE COUVRENT DE SOIERIES ET DE DENTELLES; ET DANS LEURS CHEVEUX, À LEUR COU, À LEUR POITRINE ET À LEURS OREILLES, LES PIERRES PRÉCIEUSES ÉTINCELLENT.

EH BIEN! PENDANT L'ÉTÉ, QUÉBEC EST LA VILLE GRANDE DAME, ET, QUAND VIENT LE SOIR, ELLE EST VRAIMENT ADMIRABLE À VOIR SOUS LES RAYONS INCANDESCENTS QUE LUI VERSE LE SOLEIL ÉLECTRIQUE DE MONTMORENCY.

DES MILLIERS DE FAISCEAUX LUMINEUX PLANENT SUR SA TÊTE. DES ÉTOILES SCINTILLANTES COUVRENT SON FRONT D'UN DIADÈME; ELLES ORNENT SON COU D'UNE RIVIÈRE DE DIAMANTS; SA LARGE CEINTURE DE MURAILLES SEMBLE INCRUSTÉE D'ESCARBOUCLES ÉBLOUISSANTES.

CE N'EST PLUS LA VILLE DE GUERRE, C'EST LA VILLE DE LUMIÈRE, LA VILLE ASTRALE, ET SES PLÉIADES D'ÉTOILES SONT GROUPÉES DE FAÇON QU'ELLES LA DESSINENT TOUT ENTIÈRE DANS LES FORMES ALTIÈRES DE SA BEAUTÉ.

ADOLPHE-BASILE ROUTHIER
Québec et Lévis à l'aurore du XXe siècle

Ombre et lumière sur la terrasse Dufferin

QUEL MAGNIFIQUE OUVRAGE QUE LE LIVRE DU JUGE ADOLPHE-BASILE ROUTHIER (1830-1920), *Québec et Lévis à l'aurore du XXe siècle,* paru en l'an 1900 précisément. L'auteur des paroles du *Ô Canada* laisse libre cours à sa plume fantaisiste et grandiloquente pour livrer ses émotions sur la capitale historique qu'il chérit. Ce grand livre imprimé sur papier glacé est agrémenté de fioritures typographiques, de dessins romantiques à la plume et de photographies signées Jules Livernois, du célèbre studio de Québec. C'est sans conteste le plus bel ouvrage jamais édité jusque-là sur la cité de Champlain. Le juriste y retrace dans un style vivant les grandes étapes de l'histoire de la capitale, un site où « les pierres parlent », et propose des descriptions lyriques des paysages.

Bien avant la reconnaissance officielle de Québec comme site du Patrimoine mondial, le grand voyageur avait su reconnaître les richesses de la capitale. En ce début de siècle et de millénaire, à quelques années du quatrième centenaire de la ville, nous avons voulu remémorer cette vision éloquente et sensible en l'évoquant dans les exergues de chaque chapitre du présent ouvrage.

Routhier avait perçu la lumière toute spéciale de Québec et la rendait adroitement dans sa prose. Aujourd'hui, le photographe Claudel Huot y navigue au quotidien depuis plus de trente ans, exprimant par l'image les sentiments qu'éveillent en lui la nature et le paysage urbain.

Un soir de brouillard en octobre sur Saint-Louis

« Tous les photographes s'animent à la lumière, cette matière impalpable qui est l'essence même de l'image, explique-t-il. La lumière inspire, insuffle la vie. Elle motive les artistes du visuel à sortir, à enclencher le processus de création. C'est la lumière qui me chasse de mon appartement dans le Vieux-Québec, qui me harponne à un simple regard par la fenêtre à quelque moment magique de luminosité. »

À Québec, l'omniprésence du fleuve confère à la lumière des qualités exceptionnelles. Par moments, l'eau qui cadre le paysage épaissit l'air, donnant une nouvelle texture à la matière.

« J'aime lire Québec sur les quatre saisons. Je suis heureux de vivre dans un pays rythmé par ces grands épisodes de la nature qui reviennent chaque année comme autant de surprenantes mutations. Je m'ennuierais d'être constamment enveloppé de bleu, même le plus pur au monde. Ces renouvellements rendent la vie pleine d'imprévus et de surprises. »

Il suffit d'étaler les diapositives de Claudel Huot sur une grande table lumineuse pour constater à quel point le même sujet croqué à des moments différents varie à l'infini.

Réflexion un soir de marée calme, coloration manuelle, duotone

« Mon travail consiste à suivre la lumière. Du lever du jour jusqu'à 9 ou 10 heures le matin, je travaille sans relâche. Je suis ouvert à tout, au mouvement, à l'éclairage, au sens des êtres et des choses. Vers 10 heures, la lumière perd son effet, le soleil ne donne qu'un éclairage sans lustre. Je reprends le boulot en fin d'après-midi. Tous les photographes privilégient la lumière matinale et celle de fin de journée. Elle donne une âme à la moindre chose. Le crépuscule, l'heure bleue, est un moment magique. Le mélange des lumières naturelle et artificielle a quelque chose de féerique. »

Depuis quelques années, pour le nouveau millénaire et les célébrations prochaines du quatrième centenaire de la ville, Québec s'illumine. La Commission de la capitale nationale a conçu un vaste programme de travaux en ce sens. Aucun édifice important n'y échappe, et le site offre déjà un spectacle de nuit exceptionnel qui suscite une émotion semblable à celle qu'exprimait Routhier au début du XXe siècle, lorsqu'il parlait de son « Québec la nuit ». Il en aurait aujourd'hui le souffle coupé…

On disait naguère que la capitale était dominée par le gris. Depuis une décennie, Québec s'est fortement colorée. Un maire d'une grande sensibilité et un service municipal d'urbanisme conscientisé y sont sans doute pour quelque chose. La multiplication des places, des jardins et des fontaines, l'abondance de fleurs, l'éclairage de nuit et les banderoles installées lors des festivités participent à ce renouvellement visuel. Dans le temps des fêtes ou pendant le carnaval, la place Royale, la rue du Petit-Champlain et la côte de la Fabrique deviennent de véritables kaléidoscopes avec leurs décorations de Noël, leurs vitrines exubérantes et leurs sculptures de glace illuminées. La neige fraîchement tombée transforme ces espaces en véritables villages de conte de fées.

« Au fil des jours et des saisons, la lumière change, explique Claudel Huot. Mai, juin, septembre et octobre sont mes mois préférés. Le petit vert tendre printanier m'inspire tout particulièrement. Cette époque est un moment magique. Dix jours de symphonie visuelle où la lumière et le tissu végétal créent une palette de tendresse. »

L'été, l'air s'épaissit sur le bord du fleuve et les journées de canicule sont lourdes. Le contexte n'est plus propice à une lecture panoramique, mais plutôt au gros plan intimiste, au regard discret que l'on promène sur la vie de la rue et les places animées qui donnent à la ville des airs de fête médiévale. L'endroit se remplit de touristes, sonnant pour le photographe l'heure des vacances…

L'hiver, Québec vit des débordements de lumière. C'est la période des grands contrastes. Le photographe se dépêche après la tempête de saisir des paysages éphémères d'une grande virginité, parfois surréalistes. Il faut être rapide pour profiter des mutations de formes et de volumes créées par la neige.

Québec s'amuse à l'année avec la lumière. Les habitants des hauteurs de Lévis sont bien placés pour le savoir. Depuis trois siècles, les artistes ont démontré avec éloquence que l'endroit offrait le meilleur point de vue de la cité de Champlain. Claudel Huot a longtemps habité Lévis et y a appris le mouvement de la lumière dans les panoramas de la capitale. Un siècle après Adolphe-Basile Routhier, ses images poétiques révèlent les mêmes sentiments.

Jeu de lumière sur la rue Claire-Fontaine près du Grand Théâtre

Jeux d’ombre et de lumière

Place Royale

Vue de la place d'Armes, rue Sainte-Anne

Place d'Armes

SME

Le Séminaire de Québec

Le Vieux-Port

Rue
Sous-le-Fort

Omniprésence du château

Au pied du cap, la maison Louis-Jolliet

Côté cour

Féerie de décembre à la place de la FAO

Décembre sous la neige

Neige rue du Petit-Champlain

Soir de décembre, place Royale

Première neige, fin octobre, gare du Palais

Blizzard, rue du Petit-Champlain

e-Fort
pierres
VIVES

La terrasse Dufferin et l'ancien
bureau de poste en décembre et,
au loin, le monument de Champlain

FRONTENAC
TOURS
Foreign Exchange

La maison Chevalier sous la pluie

52

Le cap Diamant

Au carrefour des rues Sainte-Ursule et Sainte-Geneviève dans un brouillard d'hiver

Entre les deux rives...

LA LUMIÈRE DE L'EAU

Entre les deux rives...

LA LUMIÈRE DE L'EAU

QUANT AU SAINT-LAURENT, C'EST UNE DES PLUS ADMIRABLES ŒUVRES DE LA NATURE, UNE MERVEILLE DE GRANDEUR ET DE BEAUTÉ. DANS SA COURSE VERS LA MER, IL NE PASSE PAS DEVANT LA CITÉ DE CHAMPLAIN SANS SE DÉTOURNER POUR LA MIEUX VOIR. IL FAIT UN DEMI-TOUR POUR LA BAIGNER ET LA CARESSER PLUS LONGTEMPS : IL OUVRE SES BRAS POUR MIEUX L'EMBRASSER ; IL SEMBLE REGRETTER DE S'EN SÉPARER, ET SI LES VOYAGEURS QUE SES FLOTS TRANSPORTENT COMPRENAIENT LE LANGAGE DE CE ROI DES FLEUVES, ILS L'ENTENDRAIENT PROBABLEMENT DIRE : « VOICI MA VILLE BIEN-AIMÉE, LE PLUS BEAU JOYAU DE MA COURONNE. »

TOUT EN MARCHANT SANS CESSE, IL DEMEURE TOUJOURS. SES FLOTS PASSENT, S'ÉCOULENT ET DISPARAISSENT, MAIS ILS SONT REMPLACÉS PAR D'AUTRES QUI LES POUSSENT. ET LE NOBLE FLEUVE EST TOUJOURS LÀ, L'ORNEMENT, LE CHARME ET LA GRANDE ATTRACTION DE NOTRE VILLE PITTORESQUE.

ADOLPHE-BASILE ROUTHIER
Québec et Lévis à l'aurore du XXe siècle

Panorama vu de la terrasse de Lévis

Chaque année, le plan d'eau devant Québec est l'objet d'un véritable miracle qui ne cesse d'ébahir ceux qui en sont témoins. Un bon matin de fin d'automne ou de début d'hiver, on découvre, toujours avec étonnement, que dans la nuit le Saint-Laurent a commencé à geler et qu'une partie de sa surface s'est déjà cristallisée. Bientôt, on fera appel aux brise-glaces pour permettre à la navigation d'hiver d'opérer sans encombre, car même les hautes marées quotidiennes ne peuvent rompre cette croûte qui épaissit avec les jours, soudant les deux rives. Jusqu'au tournant du XXe siècle, les municipalités riveraines se partageaient l'entretien d'une voie balisée de têtes de sapins, un pont de glace qui resserrait les liens entre les deux rives pendant l'hiver. Au printemps, dans la période du dégel toujours suivie d'une débâcle agitée, certains ne pouvant contenir leur audace et faisant fi de la décision des autorités de fermer le chemin de glace, ont sombré dans les eaux glacées.

Le fleuve change continuellement au fil des jours, des mois et des saisons. Gris ou bleu en été, il se teinte parfois de vert ou de glauque pour flamber avec le coucher du soleil qui s'y noie toujours avec bonheur. Par soirée claire, il arbore de longs camaïeux de couleurs chaudes précédées d'un pont d'or éblouissant ; sous les nuages, les effets tiennent de l'abstraction lyrique. Le fleuve d'hiver perd ses couleurs chatoyantes et son homogénéité. Il se couvre d'îlots flottants entourés par temps ensoleillé d'une myriade d'étangs bleus. À l'étale, entre deux marées, ces surfaces liquides deviennent autant de miroirs où se reflètent les paysages des deux caps qui se font face.

Lumière et texture de mars

L'effet est particulièrement saisissant la nuit, alors que l'image tranquille des lieux et des quartiers éclairés est multipliée à l'infini dans une glace éclatée en mosaïque.

Depuis toujours, la capitale historique se fait belle pour le spectacle à partir du Saint-Laurent. Au XIXe siècle, à l'époque où l'on arrive à Québec principalement par bateau, plusieurs bâtiments sont conçus en fonction de l'image qu'ils offrent de la ville à partir du fleuve. Pour accentuer le prestige du site et impressionner le visiteur, certaines façades arrière donnant sur le plan d'eau sont l'objet d'un trompe-l'œil architectural monumental, tel ce mur pignon de l'Université Laval ou le front fluvial du bureau de poste.

Évoquer le Saint-Laurent, c'est rappeler le bonheur d'une traversée entre Québec et Lévis. Rien n'est plus revigorant que d'observer, accoudé au bastingage de la proue à vingt degrés sous zéro, le bateau s'éreinter à briser la glace, ou encore d'affronter en été le tonifiant nordet. Matin et soir, les habitués de cette croisière vivent une

Lumière matinale de septembre, hommage à Ansel Adams

On ne dira jamais avec assez d'émotion la douceur des printemps à Québec simplement à la lecture de la face de l'eau. Au moment de la débâcle, quand le soleil plombe, la glace friable et humide se ramollit et se défait en morceaux. Les îlots blancs sur la mer bleue deviennent de plus en plus épars. Il fait alors bon de profiter de cette chaleur pénétrante sur le pont du traversier ou étendu sur quelque banc public dans le Vieux-Port. Alors que la nature se prépare à renaître, l'air s'emplit d'effluves de neige. Avec les Laurentides en fond de scène, le fleuve participe d'une nouvelle façon au tableau panoramique qu'affectionnent les résidents et les visiteurs. Des hauteurs de la capitale, il compose le premier plan de perspectives évocatrices dominées par l'île d'Orléans, le cap de Pointe de Lévy et la côte de Beauport.

Le Saint-Laurent vient des terres profondes de l'ouest du continent, des Grands Lacs et du drainage des territoires nordiques. Il connecte la capitale aux sept mers du globe. Depuis quatre siècles, ses eaux indomptées accueillent des navires de tous les pays. Les photographies de la seconde moitié du XIXe siècle nous le présentent couvert de voiliers venus charger leurs cales de bois de pin et de chêne, des essences qu'on épuisera au profit de l'Angleterre. Vers 1850, la saison de navigation, qui dure au plus six mois, voit défiler près d'un millier de navires par année. Une armée d'ouvriers et de marins envahit la basse ville, formant une société bien spéciale. Le bois d'exportation est lié pour former des radeaux dans l'arrière-pays, et est ainsi transporté à Québec par les *raftmen* sur la rivière des Outaouais avant de prendre la mer vers quelque port anglais. Au XIXe siècle, tout le Québec se fait bûcheron, et la capitale devient le grand terminal océanique de cette vaste industrie coloniale.

Aujourd'hui, la société qui fréquente les berges en été a grandement changé. Quel spectacle que ces immenses paquebots, véritables palais flottants, qui s'amarrent en silence au pied du cap Diamant, transformant radicalement le paysage urbain ! Le quartier commercial de la rue du Petit-Champlain jadis occupé par les journaliers du port, les terrasses des cafés, les restaurants, les musées et les centres d'interprétation sont littéralement pris d'assaut par une cohorte de touristes appartenant à la bourgeoisie mondiale. Québec, site du Patrimoine mondial, figure maintenant sur la liste des parcours exotiques des lignes de navigation les plus prestigieuses.

Tous les matins, le lever du soleil allume le cap de Québec et la rive gauche ; le soir, c'est Lévis qui se livre à la lumière du couchant, au grand bonheur des promeneurs qui déambulent dans le port de Québec ou sur la terrasse Dufferin. Le Saint-Laurent sera toujours un figurant historique et artistique majeur dans le tableau de la capitale, un joueur de premier plan dans les joutes de lumière qui, le jour ou la nuit, l'été ou l'hiver, animent le panorama de la cité de Champlain.

Inondation printanière sur Dalhousie

Matin givré sur les berges de Lévis

Vue de l'intérieur du bassin Louise

LA LUMIÈRE DE L'EAU

Petit matin de janvier sur la terrasse Dufferin

Fin d'après-midi sur le fleuve

La batterie Royale au petit matin

En attente

Silhouette et lumière de septembre

LA LUMIÈRE DE L'EAU

Lumière d'octobre sur le fleuve

Le pêcheur d'anguilles

Les toits du château et un bateau sur le fleuve

Bassin Louise au petit matin

Vue paisible

Lévis allume des feux sur le fleuve

Lever du jour en octobre

Place Royale, le clocher de Notre-Dame-des-Victoires
et Lévis en arrière-plan

Vue de Québec par temps couvert

Les canots sillonnent le
fleuve par temps glacial

Lueur nocturne de
décembre, place Royale

Crépuscule sur la place Royale

Formes et textures du passé...

LA LUMIÈRE DES MURS

Formes et textures du passé...

LA LUMIÈRE DES MURS

Contemplez ce château, d'architecture Moyen Âge, hardiment perché au bord de l'escarpement, dominant la basse ville et les faubourgs, et lançant à une hauteur vertigineuse ses clochetons, ses tours et ses flèches : c'est le château Frontenac.

À côté s'étend un jardin planté de grands arbres, et de ce massif de verdure émerge un obélisque de pierre.

Plus loin, derrière un rideau de grands ormes et de peupliers apparaissent de longs édifices couronnés de coupoles : ce sont l'Université Laval et le Séminaire de Québec.

Et là-bas, au niveau du fleuve, la Douane baignant dans l'eau de sa belle colonnade corinthienne, et surveillant le port de sa coupole harmonieuse. [...]

Alors le spectacle grandit encore, et vous apercevez bientôt les grands édifices de la ville haute : les deux cathédrales, anglaise et française, avec leurs hauts clochers, le Palais de Justice avec son portique majestueux, l'Hôtel de Ville, dont on ne voit que les sommets, et le Parlement dont le haut campanile se détache fièrement sur l'horizon lointain, au milieu d'un groupe d'églises dont on n'aperçoit que les flèches.

Adolphe-Basile Routhier
Québec et Lévis à l'aurore du XXe siècle

Chapelle du Séminaire

Marcher dans les rues de Québec, c'est feuilleter un grand livre d'histoire mondiale d'architecture. Mâchicoulis, poivrières, tourelles et créneaux alternent avec les lucarnes à la capucine, les chapiteaux ioniques, les oriels et les toits mansardés, des éléments qui relèvent de grammaires de styles appartenant à diverses époques. La lecture du paysage bâti de la capitale nationale révèle à la fois les valeurs d'une société et les grands courants culturels qui ont modelé le pays à différentes périodes. Maisons, édifices religieux, bâtiments institutionnels et constructions militaires rendent compte de la proximité des Québécois avec la France, l'Angleterre et les États-Unis, ce proche voisin qui a participé activement à l'histoire culturelle de la vallée du Saint-Laurent. Toutes ces œuvres annoncent un métissage social qui définit une identité originale unique au monde, enrichie par le milieu.

Dans la basse ville, le quartier de la place Royale, bien soudé au Saint-Laurent, prend des allures de petite ville provinciale française du XVIIIe siècle. Les maisons mitoyennes en pierre élevées sur deux ou trois étages coiffés d'un toit à pente raide donnent par moments au promeneur l'illusion de louvoyer dans une rue historique de Rouen, de La Rochelle ou de quelque ville du nord-ouest de la France d'où sont partis les premiers occupants de ce secteur de la cité de Champlain. La même émotion, plus intimiste encore, saisit celui qui longe les vieux murs crépis de certaines rues du quartier latin, en haute ville.

Clocher et architecture religieuse

La contribution française à la dynamique du lieu se manifeste également dans le classicisme architectural des vieilles institutions religieuses, notamment la basilique de Québec, conçue par Gaspard Chaussegros de Léry (1682-1756). Malgré les fréquents incendies qui sévissent au pays de l'hiver, une partie du Séminaire de Québec, haut lieu de formation des élites cléricales et laïques, et certaines sections du monastère des Ursulines et de celui des Augustines hospitalières de l'Hôtel-Dieu viennent renforcer cette impression de grande proximité avec l'art de bâtir dans les provinces françaises au temps du Roi-Soleil.

Cette présence française se lit dans le style mais également dans les procédés de construction et d'aménagement, et dans mille détails touchant les éléments structuraux, utilitaires et esthétiques. Lorsqu'on se trouve à côté du buste de Louis XIV, à la place Royale, on peut, d'un simple coup d'œil sur les toits, identifier les divers modes de couverture en usage au temps de la Nouvelle-France : le bardeau de cèdre, la planche chevauchée, la planche à couvre-joints, l'ardoise, la tôle à baguette, la tôle à la canadienne. Les anciens règlements municipaux favorisaient les matériaux non inflammables et les intendants, dès le XVIIe siècle, édictèrent toute une série de lois obligeant à construire en dur et à respecter minutieusement, sous peine d'amende voire de démolition, l'usage exclusif de la pierre jusque dans l'encadrement des ouvertures. C'est ainsi que Québec est devenue une cité de roc et de pierre, une ville de murailles au cachet si particulier.

L'Angleterre a laissé à son tour son empreinte dans le paysage de la capitale. La plus grande partie du Québec intra-muros appartient à ce second réseau culturel. À la muraille rustique crépie succède ainsi la pierre de taille à nu bien dressée ; aux toits pointus ceux à pentes douces ; aux fenêtres à doubles vantaux et à petits carreaux succèdent les châssis à guillotine et à grands vitrages. Partout les portails donnent dans les ordres dorique, ionique ou même corinthien, les rapports d'équilibre et de symétrie devenant des traits architecturaux majeurs.

« Architexture »

Le séminaire au petit matin

1145
1155

C'est dans la trame urbaine du cap que l'on peut apprécier à sa juste valeur la contribution de la lointaine Albion. Les rues Buade, Saint-Denis, Saint-Louis et Sainte-Ursule présentent des alignements de maisons d'une grande sobriété et de belle élégance. Une provocante cathédrale anglicane dépassant en volume sa voisine catholique — l'architecture demeure un symbole de pouvoir — est inspirée de St. Martin-in-the-Fields, à Londres. Plusieurs institutions néoclassiques, dont l'ancienne prison devenue maison d'enseignement, la Douane et les édifices militaires, s'inscrivent dans cet élan qui fut réduit par plusieurs démolitions et incendies.

Le Parlement, l'hôtel de ville, l'ancien palais de justice, l'ancienne prison des plaines d'Abraham, les portes de la ville, plusieurs chapelles et églises, les anciennes casernes de pompiers, le château Frontenac, le théâtre Capitole, la gare du Palais et des rues entières donnent dans une architecture spectacle, dans un éclectisme ébouriffé mêlant avec audace les styles français, britanniques et étatsuniens dans des œuvres sinon heureuses du moins hautement fantaisistes. L'éclectisme de la capitale synthétise les lignes de force qui ont modelé la ville et le pays, relate une façon de conjuguer le néogothique, le néorenaissance et le néomédiéval à une période de renouvellement d'une agglomération qui se prépare au passage du XXe siècle aux célébrations de son troisième centenaire.

Malgré cet héritage omniprésent, Québec est aussi une ville moderne. Si le XXe siècle ramène le fronton, la colonne, l'entablement et les appareils classiques à la manière Beaux-Arts, un très grand nombre de constructions affichent la simplicité fonctionnelle et l'esthétique des styles art déco et international en vogue dans l'entre-deux-guerres. Le palais Montcalm, l'édifice Price, le premier gratte-ciel de la capitale, inspiré de l'art urbain de nos voisins du sud, et plusieurs bâtiments à toit plat de forme cubique s'inscrivent dans cet élan de la modernité.

Québec apparaît ainsi comme une ville de contrastes architecturaux où canons du classicisme français et valeurs du néoclassicisme britannique se mêlent au néogothique ou au néorenaissance dominant l'éclectisme occidental porté par la France de Napoléon III, l'Angleterre de Victoria et les États-Unis. Ces styles s'unissent aux lignes simples du XXe siècle pour composer la trame architecturale unique du Vieux-Québec où formes, matériaux, couleurs, textures et décors affirment un caractère exceptionnel, une diversité qui ne cesse d'étonner le promeneur attentif et sensible.

Courbe, forme

Mur de lumière

On rénove

Ombre sur la place Royale

Petit matin calme, à l'angle des rues Laval et Hébert

Enfilade architecturale, les vieux murs racontent l'histoire

Théâtre du Conservatoire, rue Saint-Stanislas

Vestiges du quartier des banquiers de la rue Saint-Pierre

QUARTIER LATIN
BEDO

Rue Saint-Jean

L'heure bleue, rue D'Auteuil

Maisons ancestrales, angle Sainte-Famille et Hébert

Rue
Hébert

Architecture de la rue Dalhousie

Le jour se lève, rue Dalhousie, batterie Royale et place de Paris

HOTEL
HOTEL

Diptyque

La lumière rasante sur les murs de la rue Mont-Carmel

Première neige, rue Christie au cœur du quartier latin

À
LOUER
ARRÊT

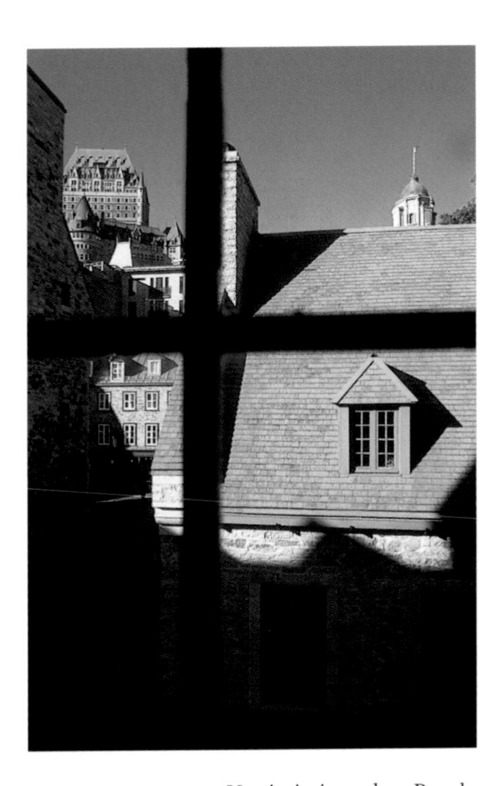

Vue intimiste, place Royale

Rue Notre-Dame, place Royale

Serge Bruyere
Rue
Charlevoix
1200
DE CE
COTE

Texture d'hiver

Un matin de décembre au carrefour des rues
Saint-Jean, Couillard, Garneau et Côte de la Fabrique

Une bonne adresse, rue du Petit-Champlain

Rue Cul-de-Sac

C'est l'hiver à l'angle
des rues du Fort et Buade

FONDÉ EN 1775
JOHN DARLINGTON
De Buade

Féerie sur la colline parlementaire

Édifice des Douanes, Vieux-Port

DANS
CETTE
RUE

Lumière matinale, rue Couillard

La rue Couillard après la pluie

Jardins et couleurs du temps...

LA NATURE DANS LA VILLE

Jardins et couleurs du temps...

LA NATURE DANS LA VILLE

Tiens, voici un jardin suspendu où des gamins crient et s'amusent. Il est en pente et l'on croirait qu'il va s'ébouler dans la côte. Mais non, il est si solidement assis qu'il sert de contrefort à un second jardin suspendu. Et le touriste monte toujours. Mais il s'arrête encore, et se demande ce qu'il va faire. Se reposera-t-il au milieu des fouillis de fleurs et des touffes d'arbres de ce jardin ? Continuera-t-il de suivre ce chemin montueux qui tourne et se détourne sans cesse comme une spirale énorme ? Ou bien grimpera-t-il pour arriver plus vite à ce nouvel escalier de fer qui est à sa gauche ? [...]

De nouveaux degrés à gravir lui ouvriront un nouveau jardin en arrière du Château Frontenac : et enfin un dernier escalier, *the last but not the least,* comptant plus de cent marches le portera jusqu'à la crête des glacis que la Citadelle domine encore. C'est là surtout qu'il sera récompensé de ses peines, et nous lui prédisons qu'il restera debout sans songer à la fatigue, et que les seuls mots qui sortiront de sa bouche, dans son ravissement, seront ceux-ci : « Que c'est beau ! Que c'est beau ! »

Adolphe-Basile Routhier
Québec et Lévis à l'aurore du XXe siècle

LA NATURE DANS LA VILLE

Plaines d'Abraham

L'âme d'une ville tient largement à sa relation avec la nature, aux contrastes créés par l'alternance du minéral et du végétal, à l'harmonie entre l'architecture et la verdure. Rien n'est plus agréable qu'une promenade à travers un paysage bâti peuplé de grands arbres où la trame construite s'amalgame aux parcs, aux jardins et aux aménagements horticoles discrets qui surgissent par delà les grilles de fer des propriétés ou au détour d'une ruelle, dans quelque cour privée. Dans des villes comme Boston, Londres, Stockholm ou le Vieux-Philadelphie, une riche végétation urbaine fait vivre au visiteur des émotions mémorables. Québec figure elle aussi sur la liste des villes écologiques par la pureté des eaux qui l'environnent, par la qualité de son air qui permet en toutes saisons des lectures cristallines de ses contours et par la densité de la végétation qui contraste avec le roc et la pierre en été.

Traditionnellement, les communautés religieuses entretenaient de vastes jardins pour embellir les lieux de méditation, mais aussi pour fleurir les autels de leur chapelle et de la cathédrale, tout près, et pour la culture de plantes médicinales, de fines herbes, de fruits et de légumes. Les plans anciens archivés de bâtiments religieux et ceux de plusieurs édifices civils montrent des dessins précis de jardins aménagés sur la propriété. De vieux traités et des manuscrits apportent parfois des précisions intéressantes sur l'art horticole pratiqué dans ces jardins urbains.

Porte Saint-Louis

Repos et bavardage, parc Montmorency, 1972, pellicule infrarouge 4 x 5 Graflex, coloration manuelle

Le palais du gouverneur, le palais de l'intendant, le monastère de l'Hôtel-Dieu et celui des Ursulines étaient dotés de telles enceintes dont l'aménagement respectait une stricte géométrie à la manière française.

L'esprit du jardin à la française plane toujours autour du monument de Jeanne d'Arc en bordure des plaines d'Abraham. En été, les alignements horticoles mêlent harmonieusement une cinquantaine d'espèces de fleurs annuelles et une centaine de variétés de vivaces. Au crépuscule, il flotte dans l'air une magie qui confère au lieu une impression surréaliste. Les nouveaux aménagements de la colline parlementaire, dominés par les axes classiques et la tripartition, relèvent de la même démarche stylistique. Quoi de plus normal, pour un monument de style néorenaissance française, que de s'envelopper de jardins dans le même esprit.

C'est en survolant Québec ou en l'observant à partir des hauteurs environnantes que l'on découvre à quel point la capitale est un vaste jardin, malgré la présence imposante de la pierre. Partout, les vides de la trame urbaine sont remplis d'arbres géants qui frôlent et enveloppent le bâti. Le poète Pierre Morency, dans son *Regard infini* sur les parcs, les places et les jardins publics de la capitale, montre combien ces espaces de verdure sont émouvants lorsqu'ils se marient à l'histoire, celle qui se lit dans l'architecture comme celle qui est gravée dans le bronze des statues. Au printemps, enveloppées de vert tendre et auréolées des fleurs délicates des lilas et des pommetiers, les figures de cette galerie de bronze qui se partagent la ville dans des poses altières se préparent à livrer aux flâneurs mille secrets séculaires dans un discours qui prendra fin, l'automne venu, dans une kermesse de couleurs.

Aux crocus, tulipes et jonquilles qui émergent du sol au printemps, au lourd couvert d'été agrémenté de mille vivaces et d'autant d'annuelles, aux feux d'artifice d'automne succèdent les jardins de neige et de givre. Difficile de ne pas tomber sous le charme de ces parcs, de ces jardins de fleurs de grésil, de ces bosquets et de ces arbres qui se déguisent aux giboulées d'octobre et de novembre, quand la neige colle à tout et double les volumes en noir et blanc !

La nature à Québec s'exprime autant dans le riche tissu végétal d'artères comme la Grande Allée, considérée à la fin du XIXe siècle comme les Champs-Élysées de la capitale, que dans les nombreux parcs boisés parsemés de bancs invitants, et dans l'omniprésence des érables, des ormes et des tilleuls qui embellissent les abords de plusieurs maisons et édifices institutionnels. Elle éclate littéralement sur le pourtour dégagé de la Citadelle, dans le vaste parc des Champs-de-Bataille et dans ce lieu boisé et fermé constitué par les flancs de la falaise qui s'étire au-delà des limites de la ville. La bordure du cap offre ainsi aux promeneurs un milieu naturel étonnant animé d'une topographie mouvementée, un cadre enchanteur qui évoque des épisodes marquants de l'histoire du pays.

Les plaines d'Abraham sont les poumons de Québec, en même temps que l'espace jardin d'innombrables rencontres et festivités. En 1908, elles se transformaient en un vaste théâtre en plein air pour la reconstitution de l'époque de Champlain par toute une population costumée. À la fête nationale, ses plateaux et ses collines donnent lieu à de grands rassemblements populaires autour du feu de la Saint-Jean, une tradition plusieurs fois centenaire. Ses sentiers de promenade à pied ou en ski de randonnée sont l'occasion d'excursions urbaines dans un panorama époustouflant où la terre embrasse la mer. Le même sentiment de fusion avec la nature et le fleuve anime ces pique-niques entre amis ou en famille à l'ombre rafraîchissante des grands arbres, alors que les petits escaladent fébrilement les canons qui se sont tus depuis belle lurette pour devenir des fonds de scène de photos souvenir.

Contraste des saisons

L'hiver, rien n'est plus prenant que le spectacle du cap de Québec à partir des côtes de Lévis. Dans les vapeurs du fleuve couvert de glace, le paysage de la falaise semble avoir été brossé par quelque peintre conquis par l'abstraction lyrique. On ne compte plus les artistes de chez nous et d'ailleurs qui ont rendu avec une habileté magistrale et une sensibilité extraordinaire le cadre naturel spectaculaire de la cité de Champlain.

… rue D'Auteuil

Première neige…

Au mois de mai, rue D'Auteuil

Côte de la Fabrique

Plaines d’Abraham, en mai

Plaines d'Abraham, en février

L'hiver au domaine de Maizerets

Le portail de la cathédrale Holy Trinity

À l'ombre des grands chênes, rue des Jardins

Nénuphars au domaine de Maizerets

L'étang du domaine de Maizerets

Fantaisie d'automne

Côté jardin, rue Laval

George-Étienne Cartier, témoin des saisons

Parc Montmorency sous les pommiers givrés

Le peintre Francesco Iacurto, parc Montmorency

Vue du parc Montmorency au mois de mai

Parc Montmorency

Le mur du cloître des Augustines, rue Hamel

Le grand noyer noir, rue Sainte-Anne

Lumière de mai

Place d'Armes en décembre

Place d'Armes en mai

Hotel

EVINRUDE

Panoramas et perspectives...

LES PAYSAGES URBAINS

Panoramas et perspectives...

LES PAYSAGES URBAINS

Quand vous gravissez ses degrés, vous voyez l'horizon s'agrandir à chaque pas sous vos yeux, et vous offrir toujours de nouveaux objets d'admiration. Des échappées brillantes vous découvrent sans cesse des beautés nouvelles. Les perspectives succèdent aux perspectives, éblouissantes et grandioses, et l'œil ne sait ce qu'il doit admirer davantage, de la grandeur du spectacle, ou de la variété de ses aspects.

La chaîne superbe des Laurentides au nord, la gracieuse île d'Orléans et ses collines boisées à l'est, les hauts promontoires de Lévis au sud, et enfin le rocher de Québec, forment un cirque merveilleux au fond duquel bruissent et brillent les eaux du grand fleuve et de la rivière Saint-Charles.

C'est un panorama d'une rare majesté, dont les proportions titanesques dessinent des profils infinis, et dont les plis verdoyants ébauchent des sourires de parterres en fleurs.

Certes l'architecte qui a bâti ce colisée sauvage est un grand artiste, et l'homme qui y jeta les fondements d'une ville avait le culte du grand et du beau.

Adolphe-Basile Routhier
Québec et Lévis à l'aurore du XXe siècle

Les clochers du Vieux-Québec

Québec propose toute la gamme des paysages. Son promontoire forme un belvédère aux perspectives toujours renouvelées, tout comme le cap de Lévis, en face, offre un point d'observation exceptionnel sur l'espace et le temps. Les caractères naturels du lieu et une topographie mouvementée font d'une promenade dans la ville un pur bonheur. Peu importe où ses pas le mènent, le flâneur jouit partout de vues émouvantes en plongée ou en contre-plongée, de perspectives où les paysages naturels et culturels se succèdent à un rythme accéléré, livrant toujours un riche contenu, pour peu que l'on se donne la peine de le fouiller.

Les panoramas de Québec marquent l'imaginaire. Les plus souvent dépeints par les écrivains et les artistes demeurent ceux que l'on embrasse à partir des hauteurs de Lévis, mais la vue sur la ville n'est pas sans intérêt au ras du fleuve ou au beau milieu du Saint-Laurent. Des centaines de milliers de visiteurs l'ont compris en prenant le traversier qui connecte les deux rives pour croquer leur propre carte postale du cap Diamant ou du château Frontenac. Une fois de l'autre côté, les plus curieux et les vrais mordus de la photographie escaladeront la côte du Passage ou graviront l'escalier rouge pour aller faire une promenade inoubliable dans le Vieux-Lévis. L'émotion atteint son apogée sur la terrasse, qui répond à sa vis-à-vis baptisée Dufferin en l'honneur du célèbre gouverneur général britannique du XIXe siècle. En 1900, le juge écrivain Adolphe-Basile Routhier s'émerveille du spectacle de Québec à partir des côtes de Lévis :

Vue du clocher du séminaire

Rue Saint-Denis

« Lévis est une des beautés de Québec, et Québec est l'incomparable beauté de Lévis. Je veux dire que nous Québécquois (sic) considérons Lévis comme l'un de nos plus pittoresques points de vue, et que les Lévisiens ont l'inappréciable avantage de voir Québec bien mieux que nous. Il leur est même permis de penser que c'est pour le plaisir de leurs yeux que la cité de Champlain élève dans les airs la pyramide toujours grandissante de ses tours, de ses clochers, de ses coupoles. Ils peuvent s'imaginer que, chaque soir, Québec s'illumine en leur honneur, et se fait pléiade d'étoiles, dans l'azur assombri du septentrion, pour les éblouir et les charmer. »

Pour Adolphe-Basile Routhier, cette perspective panoramique n'est pas à sens unique :

« Mais ce plaisir que nous leur donnons, ils nous le rendent. Et ce qui fait qu'on ne se lasse pas, à Québec, d'admirer le splendide panorama de Lévis, c'est l'infinie variété de ses colorations. À chaque heure du jour, les couleurs et les nuances de ses paysages changent et se renouvellent, tantôt brillantes, tantôt ombreuses ou voilées, nageant le matin dans une buée diaphane, et s'embrasant à l'heure du soleil couchant. »

Le moment magique de ces panoramas survient avec l'aube et le crépuscule :

« Pour les Lévisiens, c'est le matin que Québec s'étale dans la magnificence du midi. Mais pour nous Québécquois (sic), c'est vers le coucher du soleil que Lévis revêt une nature indéniable, se baigne dans des flots de lumière et rayonne des feux de ses rubis et de ses flèches d'or. »

Aux paysages ouverts sur le fleuve, sur l'île d'Orléans, la côte de Beauport et le bassin connectant la capitale historique aux sept mers du globe se greffent une multitude de paysages fermés, moins étendus, circonscrits aux vides urbains : places, parcs, jardins et rues entières donnant parfois joliment sur l'eau. Ces paysages de ville pittoresques marient l'architecture à une nature généreuse et rappellent dans d'innombrables détails les grandes cultures, celles de la France, de la Grande-Bretagne et des États-Unis, qui ont forgé l'âme de la capitale. Dans ces paysages typiques de Québec, les vieilles pierres, les toits pointus, les grosses cheminées à plusieurs mitrons, les flèches des clochers, les croix et les tourelles éclectiques relatent, chacun à sa façon, un pan de l'histoire du pays. Les paysages du XVIIIe siècle français, aux environs de la place Royale, montrent un visage bien différent de ceux du XIXe siècle, près des glacis de la Citadelle ou dans les rues qui longent les remparts érigés à l'époque de la garnison britannique. De la même manière, le lien intime entre la basse ville et les berges, palpable jusque dans les odeurs maritimes et le cri des mouettes, n'a rien en commun, sinon la présence de l'eau, avec le rapport de la haute ville au fleuve, sur la terrasse Dufferin et sur les remparts : dans l'air agité et les rafales de vent, la vue y devient hautaine et sécurisante.

Le tableau des perspectives de Québec ne serait pas complet si l'on réduisait au silence toutes ces vues obliques d'une richesse étonnante, celles qu'on lit en levant ou en baissant la tête, en portant son regard à gauche ou à droite, celles qui rattachent toujours le promeneur à un puissant élément symbolique du site historique. Québec est une ville de monuments, de clochers, de tours, de bâtiments institutionnels affichant des styles intimement liés à un axe culturel spécifique ou à une époque précise. Cette variété stylistique qui personnalise l'agglomération et la distingue de toute autre demeure l'une des clés du charme incomparable de la ville.

La force d'un panorama, d'un site fermé ou d'une vue de hasard, comme seule la capitale historique en offre si généreusement, procède d'abord de sa richesse symbolique, des rapports du lieu à l'histoire, à l'art et à la culture. La nature, composante intemporelle majeure du paysage urbain, vient renforcer et rehaus-ser ce contenu historique et symbolique. Toutes ces qualités sont omniprésentes dans le paysage de Québec, pour le bonheur des résidents et des milliers de visiteurs qui se nourrissent chaque année de sa fraîcheur et de son unicité.

Première neige de décembre au bassin Louise

Bassin Louise, grisaille de mars

Féerie de décembre

Rue du Petit-Champlain

Le magasin général, place Royale

Aurore enneigée, rue du Petit-Champlain

Jeux de lumière, rue Dalhousie, à la marée haute de la pleine lune de décembre

Vision nocturne sur la place Royale en bordure du fleuve

Vue des remparts

La rue Saint-Denis

Place Royale en bordure du fleuve

Sur les toits du quartier latin

La place Royale au temps des lilas

La Fresque des québécois

EXCURSIONS

Le Vieux-Québec vu de la pointe à Carcy, dans le port

Lever du jour au solstice d'été

La rentrée

Hibernation (bassin Louise)

Quartier Petit-Champlain

L'aurore au Petit-Champlain

Rue Cul-de-Sac sous
la pluie de septembre

Escalier Casse-Cou un matin de décembre

De chair et de bronze…

LES TRACES DE L'HISTOIRE

De chair et de bronze...

LES TRACES DE L'HISTOIRE

Même avant son dernier soupir, la voix de l'homme s'éteint et meurt. Mais sa pensée et ses œuvres lui survivent ; et c'est un des traits principaux par lesquels il ressemble à son Créateur. Que d'hommes illustres, morts depuis des siècles, parlent encore ! Et quand leurs œuvres sont tombées en ruines, ce sont les pierres elles-mêmes qui parlent à leur place. Toutes ne sont pas éloquentes, sans doute. Il est des villes dont les pierres ne disent rien ; mais Québec est de celles où tout garde la mémoire du passé, et prend une voix pour le raconter. [...]

Le touriste veut-il savoir quel découvreur célèbre est venu le premier prendre possession, au nom de la civilisation chrétienne, de ce coin de terre alors sauvage, où s'élève aujourd'hui notre ville ? Qu'il descende sur les bords de la rivière Saint-Charles, à l'endroit où le ruisseau Lairet vient s'y jeter, et il y trouvera un modeste monument qui lui apprendra cette histoire, gravée dans un bloc de granit des Laurentides. C'est là que, il y a près de quatre siècles, un marin breton est venu pour la première fois arborer le pavillon de la France.

Adolphe-Basile Routhier
Québec et Lévis à l'aurore du XXe siècle

Cathédrale anglicane Holy Trinity

À Rome, la Ville éternelle, chaque fois que les employés municipaux enfoncent leur pelle dans le sol, ils tombent sur quelque vestige du passé dont la découverte vient ralentir leurs opérations. Les promoteurs d'un nouveau projet de construction sont parfois contraints d'interrompre leurs travaux en attendant le verdict des archéologues. L'obtention d'un permis autorisant la reprise de leurs activités est loin d'être gagnée dans un tel contexte.

Les villes qui font partie des joyaux du Patrimoine mondial de l'Unesco, comme Rome et Québec, offrent d'inestimables richesses historiques, en principe protégées. Les traces du passé marquent la trame urbaine, l'architecture, éclatent dans mille documents d'archives ou pièces de musées auxquels s'ajoutent les monuments commémoratifs, ces pages glorieuses d'un grand livre coulé dans le bronze.

Affirmer que Québec est une ville hautement historique est un lieu commun. Le site choisi par Samuel de Champlain en 1608 est retenu pour ses avantages stratégiques. D'entrée de jeu, l'Abitation est conçue comme un fort. Un peu plus tard, une batterie royale est postée dans le fleuve pour décourager toute tentative de pénétration des navires à l'intérieur des terres. La falaise se bastionne, puis une citadelle discrète mais puissante vient donner au cap un nouveau profil. Après le siège victorieux de 1759, un événement qui a changé la face de l'Amérique, les Anglais s'empressent d'améliorer ces ouvrages de défense. Traverser les portes de la ville, c'est déjà franchir de lourds épisodes de l'histoire du pays.

Place Royale, 1759

Avec un peu d'imagination, les rues de Québec renvoient au promeneur réceptif qui s'offre un heureux voyage dans le temps l'écho lointain des cérémonies religieuses qui se déroulaient dans les cathédrales, la catholique et l'anglicane, plus imposante, et celui des matines dans les monastères des Augustines hospitalières et des Ursulines, toutes deux arrivées au pays en 1639, les premières pour s'occuper des malades, des orphelins et des déshérités, les secondes pour prendre en charge l'instruction des filles. On croirait parfois entendre résonner les funérailles d'État, les processions, les fêtes en l'honneur des saints du calendrier grégorien, les quarante heures d'adoration… Combien de missionnaires sont partis de ce chef-lieu ecclésiastique avec pour glorieux mandat la conversion des « Sauvages », comme on désigne les Amérindiens à l'époque des *Relations* des Jésuites et de monseigneur de Laval. Québec, centre historique religieux, est une acropole sacrée dont les élans symboliques percent le ciel de flèches et de croix coiffées du coq de l'aurore chantant le réveil du catholicisme national. De nos

Doux souvenir, rue Couillard —
Années 1970

Les murs ont une histoire

Silence, on tourne !, rue Couillard

jours, les fondatrices des vieilles institutions et les grands de l'Église triomphent dans le bronze au milieu d'une place ou en relief commémoratif, dans quelque coin discret du jardin de communautés religieuses.

Le sens historique de Québec se révèle dans toute sa plénitude sur la colline parlementaire. La façade de l'édifice du Parlement se lit comme un grand livre d'histoire, abritant dans ses niches, comme au Louvre, les personnages qui ont façonné le pays. Les jardins sont peuplés des géants qui depuis le tournant du XXe siècle ont joué un rôle majeur dans l'évolution du Québec vers sa modernité, d'Honoré Mercier, le plus célèbre acteur politique du XIXe siècle, à René Lévesque, ce magnifique chef d'État si proche de son peuple, en passant par Adélard Godbout et Jean Lesage, deux premiers ministres flamboyants.

L'imagination aidant, on peut suivre dans les rues Saint-Jean ou Saint-Louis les traces de ces explorateurs du XVIIe et du XVIIIe siècle qui passaient au palais du gouverneur ou à celui de l'intendant de la Nouvelle-France pour prendre leurs ordres de mission : bâtir un fort sur les berges des Grands Lacs ou mettre sur pied des postes de commerce dans le Mid West américain, le long du Mississippi ou de ses affluents. D'autres célébrités, tel d'Iberville, ont pris le chemin de la baie d'Hudson pour aller guerroyer contre les Anglais. Tant de légendes

vivantes et de héros se sont agenouillés pour prier dans la basilique ou l'église Notre-Dame-des-Victoires et y recevoir les bénédictions de l'Église accompagnatrice.

À Québec, l'histoire est omniprésente. Personnages et épisodes de notre passé peuplent les vieilles bibliothèques de la capitale et les riches dépôts d'archives des institutions religieuses tricentenaires. On y trouve jusqu'à de vieux traités de chirurgie ou de pharmacie, et même des manuels d'exorcisme issus de l'héritage médiéval français. Les musées regorgent d'œuvres et d'artefacts qui évoquent des temps révolus, et plusieurs centres d'interprétation se spécialisent dans la reconstitution historique des batailles livrées à Québec. Les murs des fortifications, les styles architecturaux, les rues étroites, tout nous ramène à l'histoire. La toponymie rappelle des personnages, des activités économiques ou des actions d'éclat à travers les noms donnés aux places et aux artères : Talon, Frontenac, Bourlamaque, Bougainville… Gouverneurs, intendants, militaires, et même, singulièrement, ceux qui ont bombardé et détruit Québec en 1759, ont droit aux honneurs… Il faut le faire ! Dans cette société dont la devise nationale est « Je me souviens », on n'oublie pas de saluer dans le bronze le premier historien, François-Xavier Garneau. Une lignée de photographes célèbres, les Livernois, fixera pour la postérité pendant cent vingt ans, de 1854 à 1974, le portrait de toutes les célébrités de la capitale et suivra avec talent l'entrée et les progrès de la cité de Champlain dans les temps modernes : un bas-relief rappelle ces archivistes du temps.

L'histoire se manifeste également dans le cœur des gens et la mémoire collective. L'intérêt pour le passé s'incarne dans un grand nombre de publications et de périodiques dynamiques, dans les activités des sociétés d'histoire et de patrimoine, dans les caractères culturels originaux de la ville où tous les métissages teintent aujourd'hui la gastronomie, les arts visuels, les arts de la scène et du spectacle. Québec, ville historique tournée vers l'avenir, assume pleinement son rôle en ce début d'un nouveau millénaire préoccupé d'identité et de mondialisation.

L'envol, monument dédié aux Frères éducateurs

Jeanne d'Arc

Musée de la civilisation

Champlain, fondateur de Québec en 1608

Monument à Honoré Mercier

Matin lumineux

Sonnez trompette, c'est la fête, détail la statue de Champlain

Porte Saint-Louis par une nuit d'été lumineuse (pages 202-203)

Monument de Monseigneur de Laval, détail

Le Musée de la civilisation et le Séminaire de Québec

Colline parlementaire

Basilique Notre-Dame sous la neige de décembre

Messe dominicale à la basilique Notre-Dame

La chapelle du Séminaire, le musée de l'Amérique française et la basilique Notre-Dame

Porte Saint-Jean par une nuit d'hiver lumineuse (pages 210-211)

2000 ans
JUBILE
Bienvenus
pèlerins
et
touristes
dans la
basilique-
cathédrale
Notre-Dame
de Québec

Ceux qui ont fait l'histoire…

Rue du Parloir

Séminaire de Québec cour intérieure un matin de septembre

Statue de François-Xavier Garneau

L'ancienne prison maintenant intégrée au Musée du Québec

LA BELLE ÉPOQUE
LE TRAMWAY ROYAL

Dans la cadence des étés et des hivers…

LA VILLE EN FÊTE

Dans la cadence des étés et des hivers...

LA VILLE EN FÊTE

Comme on le voit, Québec n'est pas une ville morte, et il a bien sa part d'amusement. Mais il est incontestable que ceux qui s'amusent le plus à Québec sont les enfants. Au centre de la ville, presque sous les yeux de leurs parents, ils ont l'Esplanade, la Terrasse et les glacis comme lieux d'amusement. Ils peuvent se livrer çà et là à presque tous les jeux sans danger, et pendant l'hiver, ils y possèdent les plus belles glissoires du monde, à la porte de leur logis ; et les patinoires sont ouvertes le jour et le soir. [...]

L'été, les amusements changent, mais sont encore nombreux, les jeux de balle de tout genre, le *cricket* et le *golf* sont très en vogue. [...] L'été est aussi le temps de la pêche et des amusements nautiques. C'est la « saison américaine ». Nos voisins des États-Unis nous envahissent, et Québec devient leur ville d'eau. Ils s'en emparent d'autant plus facilement que la plupart des Québécois l'abandonnent.

Adolphe-Basile Routhier
Québec et Lévis à l'aurore du XXe siècle

Cour intérieure du monastère des Ursulines

Les anthropologues s'intéressent depuis toujours aux fêtes et aux rituels qui prennent place dans toutes les sociétés du monde. Leurs observations et leurs analyses les ont conduits à un constat qu'ils ont pu généraliser à toutes les situations : pour que la fête soit, trois conditions doivent être réunies.

La fête se présente ainsi en trois temps. Le premier se rapporte à la réminiscence du passé. Pour se mettre en état de célébrer, les hommes et les femmes de toutes les cultures sont conviés à un retour en arrière, à une sorte de ressourcement. Ainsi, au moment de la fête nationale des Québécois, le passé est porté dans un défilé de chars allégoriques qui présentent aux citoyens massés sur les trottoirs quelques épisodes glorieux de leur histoire, des us et coutumes qui rappellent une provenance, et des gestes traditionnels ou modernes qui expliquent la nation et stimulent la fierté. De même, au moment de célébrer l'anniversaire d'un être cher, l'on se doit de rappeler l'année qui se termine, d'évoquer des souvenirs heureux en racontant quelque anecdote ou en sortant l'album de photographies pour raviver les événements qui ont jalonné un parcours de vie et scellé des liens que le moment confirme. Sans cette récupération du temps, la fête ne peut tout simplement pas exister.

Une fois l'existence en quelque sorte inscrite dans un enracinement, on peut donner libre cours à la joie, qui explose alors librement. On accède ainsi au temps fort de la fête qui, aidée de sa panoplie d'accessoires et de symboles, atteint un paroxysme : lumières et ornements multicolores, costumes et vêtements d'apparat, champagne,

C'est la fête, place Royale

Veillée pascale à Notre-Dame de Québec

festins, chansons, jeux, masques, ceux par exemple en suie de panne à la cabane à sucre pour cacher ses audaces, feux de joie dans la nuit pour exciter le corps à la danse ou feux d'artifice pour le plaisir de l'œil… La fête rase tous les tabous.

À l'exultation libératrice qui conduit parfois à l'épuisement succède le troisième temps de la fête, celui qui explique au fond toute cette dynamique : les anthropologues parlent ici de « contemplation espérante du futur ». C'est la raison même de célébrer. Pour se libérer de ses pulsions et de ses inquiétudes, pour faire le point et mieux envisager l'avenir, l'humain sent qu'il doit par moments appliquer les freins, refaire le plein d'énergie. Le cycle millénaire des fêtes qui rythme l'année et celui qui module la vie de chaque individu marquent ce besoin fondamental. Le temps est alors aux beaux discours de la nation en devenir, à « l'assumance » de la fierté réveillée par un rappel des héros passés et présents, aux lendemains qui chantent, à l'encouragement et à l'optimisme dans la vie qui continue. Fêter apparaît dès lors comme une nécessité ; la fête devient une obligation, une condition de la survie.

Lorsque Adolphe-Basile Routhier présente en 1900 son bel ouvrage, *Québec et Lévis à l'aurore du XXe siècle,* il célèbre avec une publication exceptionnelle la capitale des francophones d'Amérique et son entrée dans le nouveau siècle. Le livre en soi est construit comme une véritable fête, non seulement celle qui marque le changement de siècle, mais aussi celle, à venir, de la commémoration, en 1908, de la fondation de Québec par Samuel de Champlain, trois siècles plus tôt.

Cet ouvrage souligne la fête d'abord en retraçant avec panache et minutie l'histoire de la ville et de la région. Tous les illustres personnages de notre cheminement collectif, tous les faits glorieux qu'a connus Québec sont rappelés à la mémoire du lecteur. Après une si généreuse réminiscence, la fête éclate dans la richesse du discours, dans le caractère solennel des descriptions, dans la facture du livre, relié cuir avec tranche dorée et rehaussé de dessins à la plume et de photographies. Enchâssée dans un somptueux écrin, Québec explose en mots et en images. Enfin, un chapitre entier, « Québec au XXe siècle », est consacré à la prospective et au devenir de la ville, au rêve d'une époque sur le sens de la capitale historique. Il faut lire cette « contemplation espérante du futur » qui a révélé chez l'auteur une étonnante intuition !

Le présent répertoire d'œuvres choisies dans la riche production du photographe Claudel Huot s'inscrit dans les mêmes élans de célébration, mais un siècle plus tard. Tout comme le livre de Routhier, notre ouvrage se veut une fête dans toute sa splendeur. Aujourd'hui, en l'an 2001, les progrès de la technologie permettent de montrer plutôt que de simplement décrire. Ce n'est pas que le mot soit devenu caduc, mais l'image artistique sait rendre avec subtilité les émotions suscitées par les attraits d'une ville historique, souvent dans un langage poétique d'une grande sensibilité.

Québec est un espace de fête. Ses paysages bâtis, ses beautés naturelles et son charme suscitent une convivialité qui invite à tous les retours en arrière, à mille plaisirs de la vie et à des explosions cycliques de joie. Pour ses citoyens, pour les Québécois, pour tous les francophones d'Amérique, la cité de Champlain demeure un lieu riche de sens à entretenir, à protéger et à mettre en valeur, mais aussi un gage rassurant de continuité.

C'est sans doute ce riche contenu qui explique la facilité et le bonheur avec lesquels les citoyens renouent constamment avec l'art de célébrer, que ce soit sur la scène d'un théâtre qui glorifie quelque fait historique, lors d'un festival enchanteur ou pendant le carnaval d'hiver. Toute la population, tous les talents, l'ensemble des créateurs se donnent alors la main pour faire vibrer le Vieux-Québec au rythme d'activités traditionnelles ou innovatrices qui s'ouvrent sur le monde.

Les festivités païennes place Taschereau

Cour intérieure du Séminaire de Québec

Porte Saint-Louis

Balade amoureuse, rue Saint-Anne

Hôtel
RESTAURANT
Auberge du Trésor
HÔTEL
Le Bistro Bar
HÔTEL

RESTAURANT
MONTE-CARLO

Lever du jour, Batterie royale

Patinoire de la place D'Youville vue d'un créneau de la porte Saint-Jean

Place Royale, rue Dalhousie

C’est la fête !

On s'amuse !

Parc du Bois-de-Coulonge

Le Vendôme, côte de la Montagne

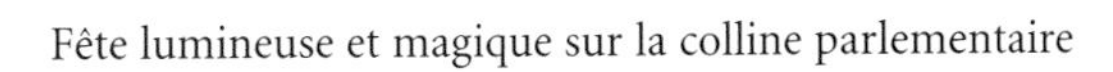

Fête lumineuse et magique sur la colline parlementaire

Rue Saint-Jean dans la fête de juillet

Place Royale à l'ombre de Notre-Dame-des-Victoires un jour de marché (reconstitution d'un marché ancien)

Vin de Miel

Que la fête commence !

LA CITADELLE
INFORMATION

Deux châteaux

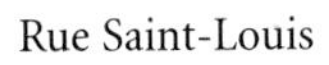

Rue Saint-Louis

Rue Cul-de-Sac, derrière la maison Chevalier

Vue plongèante sur le quartier Petit-Champlain en haut de l'escalier Casse-Cou

Les terrasses en paliers
de l’escalier Casse-Cou

Calèches au parc des Gouverneurs et vue de Lévis au loin

Un ange tombé du ciel

En guise de conclusion...

QUÉBEC, VILLE DE SENS

Buste de Churchill, au pied de la porte Saint-Louis, rue Saint-Louis

Québec est une ville photogénique. À cet égard, elle ne se compare à nulle autre au pays. Depuis trois siècles, des centaines d'artistes, peintres, graveurs et photographes, ont célébré par une riche production ses innombrables attraits. Il n'est pas un homme de lettres, pas un érudit qui n'ait passé devant son promontoire ou pénétré dans son enceinte fortifiée sans avoir tenté d'exprimer toute l'émotion qu'il ressentait, sans s'être émerveillé devant le charme irrésistible de cette cité bénie des dieux.

Ce qui fait par-dessus tout la notoriété de Québec, c'est cet éclairage nordique bien particulier qui remodèle les paysages au gré des heures et des saisons, de la période du vert tendre, en mai, jusqu'aux roses et aux mauves époustouflants des crépuscules d'hiver, en passant par le bleu soutenu des beaux jours de septembre. La pureté de l'air rend limpides les aurores de tous ces panoramas qui se renouvellent sans cesse. Et, chaque soir de beau temps, le jour se noie dans un pont d'or qui embrase le fleuve dans des camaïeux d'orangé et de bleu se déroulant à l'infini. La nuit offre des spectacles inoubliables, particulièrement en hiver, place Royale ou rue du Petit-Champlain, lorsque la poudrerie redessine le tracé des rues, inondées de lumières multicolores, dans une atmosphère feutrée qui touche l'âme. En bon archiviste du temps, Claudel Huot sait se montrer attentif à ces sources exceptionnelles d'émotions visuelles.

Québec est aussi une ville maritime qui ne cesse d'émouvoir, depuis des siècles, ceux qui savent apprécier la valeur unique des cités anciennes au riche destin qui doivent leur naissance à la mer.

Québec est, par-dessus tout, une ville d'histoire. Pour ses qualités et son positionnement stratégique, le site fut toujours convoité et sa possession a été l'enjeu de trois grandes puissances, la France, l'Angleterre et les États-Unis, qui, à tour de rôle, ont marqué cet espace de leur sceau. Toute la culture de la ville témoigne encore aujourd'hui, notamment dans l'architecture et dans l'art de vivre, de ce réseau d'influences qui place ses habitants dans un creuset de civilisation bien ouvert sur le monde. Déjà au XVIIIe siècle, de grands explorateurs quittaient ses murs fortifiés pour aller apprivoiser le reste de l'Amérique. Plus tard, ce sont des régiments de missionnaires qui la délaisseront pour aller porter la bonne nouvelle, celle du catholicisme et de la culture française, aux quatre coins du globe, sans arrière-pensée colonisatrice.

Québec est une ville de paysages, un vaste jardin qui s'embellit constamment, un lieu de fête et de célébration qui accueille chaque année des millions de visiteurs venus partager avec ses citoyens une façon de vivre originale. Les touristes affluent durant la belle saison comme en plein hiver, assurés de jouir de cette hospitalité chaleureuse qui fait la renommée de la ville et de ses habitants.

Mais Québec est avant tout une ville de sens, un puissant symbole. Pour l'ensemble des Québécois, elle demeure l'unique capitale nationale, le siège du gouvernement où les élus appliquent depuis 1791 les règles de la première démocratie parlementaire des Amériques, et le siège des principales institutions, politiques et culturelles, qui fondent son statut d'État moderne. Pour les francophones d'Amérique, Québec représente la source à la fois accueillante et généreuse d'un peuple, une source qui enchâsse et promeut les valeurs entretenues par mille lignées de dix à quinze générations d'enfants disséminés au Canada et aux États-Unis. Québec symbolise comme aucune autre ville le berceau d'une nation.

En fin de compte, Québec, c'est le Québécois, celui d'hier et celui d'aujourd'hui. Claudel Huot le suit pas à pas dans la lumière de son parcours intime.

BIBLIOGRAPHIE SÉLECTIVE COMMENTÉE

BEAUDET, Louis. « Québec, ses monuments anciens et modernes… ou Vademecum des citoyens et des touristes » (1890), *Cahiers d'histoire*, no 25, Québec, Société historique de Québec, 1973, 198 p.
Ce guide touristique sur Québec, le plus complet et le mieux documenté du XIXe siècle, dormait sous forme de manuscrit dans les archives du Séminaire de Québec, jusqu'à ce que la Société historique de Québec décide d'en faire le sujet d'un de ses cahiers. Le prêtre du séminaire qui en est l'auteur y regroupe une exceptionnelle documentation sur la ville historique.

CHAMPLAIN, Samuel de. *L'œuvre de Samuel de Champlain,* édité par Henry P. Biggar, 6 volumes, Toronto, The Champlain Society, 1922-1936.
Les relations du fondateur de Québec demeurent une ressource indispensable si l'on veut bien comprendre le contexte idéologique des premiers temps de la capitale de la Nouvelle-France. Différentes éditions agrémentées de planches sont à la disposition du lecteur plus curieux.

CHARBONNEAU, André, Yvon DESLOGES et Marc LAFRANCE. *Québec, ville fortifiée du XVIIe au XIXe siècle,* Québec et Ottawa, Éditions du Pélican et ministère des Approvisionnements et Services du Canada, 1982, 491 p.
Étude savante menée par une équipe d'historiens du Service canadien des parcs qui présentent méthodiquement les contextes politiques et militaires, les techniques de construction et l'urbanisme militaire stratégique sous le Régime français comme sous le règne britannique. Les auteurs s'intéressent également à l'élan de conservation, amorcé par lord Dufferin, des fortifications devenues désuètes.

COLLECTIF. *Québec. Passions d'hiver,* Québec, Musée du Québec et Société Québec 2002, 1994, 143 p.
Livre d'images sur Québec, ville de neige, recourant à la peinture, au dessin et à la photographie ancienne et contemporaine pour évoquer le bonheur de vivre au pays de l'hiver. Publié dans le cadre de l'exposition *Québec plein la vue* présentée au Musée du Québec du 1er juin au 23 août 1994.

Collectif d'auteurs, en quatre volumes :
La ville de Québec. Histoire municipale, Québec, Société historique de Québec.
François-Xavier Chouinard (Régime français), 1963, 116 p.
Antoine Drolet (Régime anglais jusqu'à l'incorporation, 1759-1833), 1965, 144 p.
Antoine Drolet (De l'incorporation à la Confédération, 1837-1867), 1967, 143 p.
En collaboration (De la Confédération à la Charte de 1929), 1983, 246 p.
Un greffier de la Ville de Québec, un bibliothécaire aux Archives de Québec et une équipe d'historiens ont uni leur expérience, leur sens de la méthode et leur passion pour réaliser une vaste fresque bien documentée sur l'évolution des activités municipales à Québec.

DE VOLPI, Charles P. *Québec, recueil iconographique. Gravures historiques et illustrations relatives à la Ville de Québec, Province de Québec, Canada, 1608-1875,* Toronto, Longman Canada Limited, 1971, 23 p. et planches.
Ouvrage comprenant 186 planches sur la ville de Québec, sélectionnées à partir du fonds de gravures anciennes sur la capitale. Chaque dessin est accompagné d'une brève fiche analytique. Bonne synthèse de l'iconographie ancienne sur la ville historique.

DORION, Henri, dir. et Johanne BLANCHET, coll. *Cités souvenir, cités d'avenir. Villes du Patrimoine mondial,* Québec, Musée de la civilisation, 1991, 195 p.
Présentation des vingt villes alors reconnues comme hauts lieux du monde par l'Unesco. L'historien Michel Lessard raconte Québec, un des joyaux du Patrimoine mondial. Pour mieux comprendre ce club bien sélect dont fait partie la capitale nationale.

DOUGHTY, Arthur George. *Quebec under two flags, a brief history of the city of Quebec,* Québec, The Quebec News Co., 1903, 424 p.
Une histoire de la ville de Québec, lieu de toutes les batailles et capitale d'un empire.

DUVAL, André. *Québec romantique,* Montréal, Boréal Express, 1978, 285 p.
L'auteur de cet ouvrage d'une grande sensibilité et d'une grande finesse sur le XIXe siècle à Québec appuie son propos sur des témoignages de visiteurs et d'écrivains. « L'originalité de l'œuvre vient des jugements abondants portés sur la ville que tous connaissent de réputation et que plusieurs eurent la curiosité et l'occasion de visiter. » Une lecture pour tomber amoureux de Québec.

HARE, John, Marc LAFRANCE et David-Thiery RUDDELL. *Histoire de la ville de Québec 1608-1871,* Montréal et Ottawa, Boréal Express et Musée canadien des civilisations, 1987, 399 p.
Étude savante réalisée selon les règles du métier d'historien, élaborée à partir d'une exploration des archives françaises, britanniques et québécoises. Les auteurs portent un regard neuf et hautement professionnel sur les forces qui ont façonné Québec ; ils décrivent en même temps le processus d'édification de la cité fondée par Champlain au cours des trois premiers siècles de son existence. Excellente bibliographie « sommaire » à la fin de l'ouvrage.

HULBERT, François. *Essai de géopolitique urbaine régionale,* Montréal, Éditions du Méridien, 1989, 473 p.
Étude magistrale sur l'ensemble des problématiques soulevées par le développement d'une ville historique au sein d'une communauté

municipale élargie. L'auteur signale les pouvoirs en lutte dans la dynamique urbaine et montre les effets de leur action. Outil de compréhension en urbanisme appliqué, dans l'élan des ouvrages produits par Jean Cimon.

LAHOUD, Pierre, Claude PAULETTE et Michel TREMBLAY. *Québec à ciel ouvert,* Montréal, Libre Expression, 1987, s. p.
La photographie aérienne montre de façon éloquente la trame urbaine, la dynamique des pleins et des vides. Québec, qui a toujours été une ville photogénique au sol, prend un tout autre sens à vol d'oiseau.

LEBEL, Jean-Marie et Alain ROY. (Photographies de Gabor Szilasi.) *Québec 1900-2000. Le siècle d'une capitale,* Québec, Multimondes et Commission de la capitale nationale, 2000, 159 p.
Au XXe siècle, la «vieille capitale» s'est profondément métamorphosée pour devenir une capitale nouvelle, nationale. Deux historiens de métier tracent un premier bilan à la fois novateur et pertinent de son évolution au cours des cent dernières années. Une façon de bien «saisir les héritages d'hier conjugués aux enjeux de demain».

LEMIEUX, Louis-Guy. *Un amour de ville. Une chronique de Québec,* Montréal, Les Éditions de l'Homme, 1994, 359 p. (Préface de Michel Lessard.)
Journaliste au *Soleil,* le grand quotidien de la capitale, Louis-Guy Lemieux présente dans ce livre trois années de textes bien subjectifs qu'il a publiés à titre de «city columnist», comme on dit en anglais, sur le «gros village de ses amours». Lemieux partage quarante ans de vie intense avec sa ville.

LEMOINE, James MacPherson. *Quebec past and present, a History of Quebec 1608-1876,* Québec, A. Côté et Cie, 1876, 466 p.
Au XIXe siècle, plusieurs auteurs appartenant à la communauté anglophone ou biculturelle de Québec livrent leur passion pour la cité de Champlain dans de romantiques et savantes publications inscrites dans le climat idéologique et culturel de l'époque. Lemoine, qui se préoccupe autant de l'histoire que des sciences naturelles et de la vie des grandes familles, est l'un de ces auteurs les plus prolifiques. Ses «Maple Leaves» demeurent des sources inépuisables de renseignements sur la capitale.

LESSARD, Michel. *Les Livernois photographes,* Québec, Musée du Québec, 1987, 338 p.
Album précédé d'une étude méthodique de la maison Livernois, le plus important atelier de photographie à Québec. Pendant cent vingt ans, soit de 1854 à 1974, l'équipe du grand studio exploitera tous les champs de la représentation de la capitale. Belle démonstration de la contribution des photographes à la révélation artistique de l'âme de Québec.

LESSARD, Michel. *Québec, ville du Patrimoine mondial. Images oubliées de la vie quotidienne, 1858-1914,* Montréal, Les Éditions de l'Homme, 1992, 255 p.
Pour une lecture visuelle de Québec par la photographie ancienne, appuyée par les commentaires d'un historien de métier passionné par la cité pittoresque et touristique.

NOPPEN, Luc et autres. *Québec, trois siècles d'architecture,* Montréal, Libre Expression, 1979, 440 p.
Assurément l'étude la plus complète sur la dynamique architecturale et urbaine de la ville historique par le spécialiste du bâti à Québec. Cet ouvrage généreusement illustré est la synthèse de vingt années de recherches menées par un universitaire qui s'est passionné pour la capitale.

PELLERIN, Gilles. *Québec. Des écrivains dans la ville,* Québec, L'Instant même et Musée du Québec, 1995, 175 p.
Trente-trois écrivains qui sont nés, ont vécu et vivent encore à Québec témoignent à leur façon de leur amour commun pour leur ville. «Car si Québec sait se faire aimer de ceux qui depuis longtemps en ont fait un des lieux de prédilection de l'Amérique et de la francophonie, elle tient les écrivains sous son charme, sollicitant depuis toujours leur imaginaire», écrit le narrateur-éditeur Gilles Pellerin dans la présentation de son répertoire, sur la quatrième de couverture.

PORTER, John et Didier PRIOUL, directeurs. *Québec plein la vue,* Québec, Musée du Québec et Les Publications du Québec, 1994, 299 p.
Catalogue d'exposition bien documenté et richement illustré montrant combien les écrivains et les artistes ont célébré avec bonheur, talent et passion l'âme de la cité de Champlain. Une étude accessible qui devrait se retrouver sur les rayons de toute bonne bibliothèque domestique pour la contemplation et le rêve du pays.

ROUTHIER, Adolphe-Basile. *Québec et Lévis à l'aurore du XXe siècle,* Montréal, La compagnie de publications Samuel de Champlain, 1900, 353 p. (Complété de *Biographies et monographies illustrées de portraits et de groupes,* 140 p.)
Ouvrage de facture remarquable, à tranche dorée, imprimé sur papier glacé, richement illustré et agrémenté de nombreuses photographies de Québec au début du XXe siècle et des célébrités qui y vivaient. Le dernier chapitre pose un regard prospectif sur la capitale. Une longue annexe présente les personnalités de l'époque ayant contribué à donner à cette ville, qui se prépare à célébrer son tricentenaire, un nouveau visage. «Québec pittoresque», «Québec monumental», «Québec symbolique et religieux», «Québec légendaire», «Québec historique», «Québec social», «Québec archéologique» explorant «Les pierres qui parlent», «La ville des morts», «Lévis et Québec au XXe siècle» sont autant de têtes de sections fort engageantes et écrites dans un souffle poétique.

ROY, Pierre-Georges. *La ville de Québec sous le Régime français,* Québec, Imprimeur de la Reine, 1930, tome 1: 548 p., tome 2: 519 p.
Le premier archiviste du Québec compte parmi les auteurs prolifiques sur la ville historique. Ses courtes histoires constituent les premiers textes de vulgarisation du passé de la capitale. Une source généreuse et attrayante de documentation et d'émotion.

TABLE DES MATIÈRES

Lithographié sur papier Jenson 200 M
et achevé d'imprimer au Canada en mars 2001
sur les presses de l'imprimerie Interglobe.